第四章　全球化视阈下的中西特殊词汇对比　65

第一节　中西习语、典故对比　66
第二节　中西人名、地名对比　76
第三节　中西动物词、植物词对比　81
第四节　中西颜色词、数字词对比　86

第五章　全球化视阈下的中西自然文化对比　95

第一节　中西山水文化对比　96
第二节　中西气候文化对比　102
第三节　中西方位文化对比　111

第六章　全球化视阈下的中西民俗文化对比　117

第一节　中西节日文化对比　118
第二节　中西饮食文化对比　120
第三节　中西建筑文化对比　123
第四节　中西服饰文化对比　131
第五节　中西婚丧文化对比　139

第七章　全球化视阈下的中西社交文化对比　145

第一节　中西称谓语文化对比　146
第二节　中西委婉语文化对比　149
第三节　中西禁忌语文化对比　160

第八章　全球化视阈下的中西文学艺术对比　169

第一节　中西文学对比　170
第二节　中西艺术对比　179

第九章　全球化视阈下的语言文化发展　195

第一节　文化趋同与语言交融　196
第二节　文化认同与文化的多元化　203
第三节　中国文化的发展　211

参考文献　219

第一节　全球化时代的影响

一、全球化的概念

全球化是一个非常复杂的客观现实和社会现象。大约在400年前，"global（全球的）"一词就在人类的语言中出现了，但是直到20世纪60年代，"globalization""globalizing"等词才开始被应用到社会科学的研究中。

20世纪80年代，著名的经济学家提尔德·莱维特（Theodre Levitt）首次使用了"全球化"一词[①]，到80年代末、90年代初，"全球化"成为人们日常生活、学术研究的焦点。

著名学者罗伯逊（Robertson）认为，在20世纪80年代初期和中期，学术界对全球化的意义就有了一个清晰的认知，之后流行于全世界。[②]

从上面可以看出，尽管"全球化"一词被提出的时间并不是很长，但是其思想和精神却早就有了。其中马克思和恩格斯的影响最为深远。他们在《共产党宣言》一书中就有相关的描述："资产阶级，由于开拓了世界市场，使一切国家的生产、消费都成为世界性的了……"[③]这是两位学者对全球化问题作的经典论述，且之后被学者不断运用和研究。

此外，学者吴欣（2003）从内涵层面对全球化进行了界定，她认为全球化就是经济全球化。[④]所谓经济全球化，"是指商品、服务、信息等的跨国界的流动形式与规模不断增加，采用国际分工的形式，在世界上提供资源配置的效率，从而使各国不断相互依赖"[⑤]。学者王鹤则在吴欣定义的基础上，对其外延意义进行了界定。他认为，"全球化应包含政治、经济、社会、文化

---

① 转引自张全. 全球化语境下的跨文化翻译研究 [M]. 昆明：云南大学出版社，2010：1.

② Robertson R. Globalization [M]. London：Sage，1992：8.

③ 马克思，恩格斯. 马克思恩格斯选集（第1卷）[M]. 北京：人民出版社，1972：254–255.

④ 吴欣.融入经济全球化潮流[J].企业家信息，2000（4）：3.

⑤ 转引自张全. 全球化语境下的跨文化翻译研究 [M]. 昆明：云南大学出版社，2010：2.

等方面，是一种全球的趋同的过程”[①]。

虽然关于全球化的定义仍存在分歧，但众多学者的论述从本质上并没有太多的冲突。笔者认为，全球化是以科技革命、资本扩张作为基础和根本动力，在全世界各个地方的人类之间不断散布，促使彼此之间不断交往和融合的社会化过程。

二、全球化的特征

关于全球化特征的认识，与其定义一样众说纷纭，但仍旧存在着某些一致性。具体体现在如下几个层面。

（一）动态性

全球化不是静态的事物，具有动态变化的特征。美国著名研究者伊曼纽尔·莫里斯·沃勒斯坦（Immanuel Maurice Wallerstein）认为，全球化源于西欧的资本主义扩张，到了20世纪八九十年代，出现了世界政治一体化、经济一体化、文化一体化等，这被认为是资本主义历史体系发展的新阶段。[②]中国社会学家李慎之认为，全球化始于1492年哥伦布发现大陆，至今已经有500多年的历史，而1992年是全球化的一个中间阶段，是下一个500年的转折点。虽然两位学者对全球化的开端问题存在分歧，但是两位学者都表明了：全球化处于动态变化过程中，而且当前仍在加速变化。

（二）跨越性

跨越地理障碍是全球化的本质特征，其中跨越地理障碍主要包括国与

① 王鹤.经济全球化与地区一体化[J].世界知识，2000，（01）：17–18.

② 转引自张康之，张桐.讨论沃勒斯坦世界体系论的分析单位[J].人文杂志，2016，（01）：95–104.

国之间的交流与融合以及一体化进程的不断加速。从20世纪七八十年代至今，由于市场经济体制不断在全世界普及，加上信息技术与交通领域的改革，一些地理性阻碍在不断地弱化，国与国之间的交流更加方便、直接，这就极大地促进了世界上各个国家之间社会化、一体化的进程。

最近20年来，世界上的空间距离在不断缩小。一些中国学者指出：全球化是人们不断跨越国界，在全球范围内相互沟通、相互影响。①从这点上不难分析出，全球化的实质就是人类跨越空间、文化、制度等的障碍，从而达成世界上各个国家的共识。

第二节　语言与文化的关系

一、对语言的理解

不管是文化的接触还是民族的接触通常都是以语言为先导的。可以说，语言在人类文化的交流和碰撞中发挥着举足轻重的作用。语言是作为人类文化的基础存在着的，人类创造并使用语言，并且在实际的使用过程中使语言向纵深方向发展。那么，到底何为语言呢？尽管很多语言学家对语言从不同角度给出了多元化的定义，但是迄今为止，仍然没有一个规范、统一的定义。为了让人们对语言有更清楚的认识和把握，下面就结合国内外学者关于语言的理解进行解读。

---

① 王运思. 全球化的概念和特征 [J]. 理论前沿，2001，(13)：22.

（一）对语言概念的理解

1.国外学者对语言的理解

（1）萨丕尔的理解

著名人类学家爱德华·萨皮尔（Edward Sapir）在对语言的概念进行描述时，没有将“语言”限制在纯粹的语音或文字层面，而是将语言界定为人和人之间在观念、欲望、情绪上交流的工具。①

从实质上进行分析，这是一种“社会契约论”。换言之，语言是以社会公共经验为基础，对个体自发形成的声音进行标识和定义，并在此基础上形成的表达规范的总和。

（2）本福尼斯特的理解

本福尼斯特（Émile Benveniste）认为：“语言是一个系统，其重大意义在于作为某种类型的成分，其意义与功能往往是由结构赋予的。之所以交际可以无限制地进行，就是因为语言是按照编码规则有系统地组织起来的。发话人先组成个别的符号，进而组成成组的符号，最后形成无限的话语，而听话人对发话人的话进行辨别，因为发话人身上也存在着同样的系统。”②

（3）鲍林格的理解

鲍林格（D. L. M. Bolinger）认为：“人类语言往往与交际者的经历相关，并运用任意性的声音构成约定俗成的符号，按照固定的规则组装起来的一个交际系统，且这一交际系统由听说两方构成。”③

（4）惠特尼的理解

美国语言学家惠特尼（W. D. Whitney）认为：“语言是人类独有的，是

---

① 杨艺.论萨丕尔的语言观——爱德华·萨丕尔《语言论》解读[J].四川民族学院学报，2018，27（05）：73-79.

② Benveniste，Émile. Problems in General Linguistics [M]. Coral Gables：Ubiversity of Miami Press，1966：21.

③ Bolinger，Dwight & Donald A. Sears. Aspects of Language [M]. New York：Harcourt Bruce Jovanovich Inc.，1981：1-2.

文化的重要组成部分，是获得的能力。语言与其他表达手段的重要区别就是语言需要交际这一直接动因。”①

2.国内学者对语言的理解

（1）王希杰的理解

王希杰认为，“语言是一种社会现象，其与其他社会现象有着明显的区别，具体体现在：语言是作为人们交流思想、交际的工具来为人们服务的，语言是作为人们的思维工具来为人们服务的”②。

（2）潘文国的理解

潘文国先生也对语言的定义进行了专门的研究，他认为，“语言是人类认知世界及进行表述的方式和过程”。③潘文国先生的定义对前人的研究加以继承和发展，将语言的创造性、动态性、人文性以及功能性很好地呈现了出来。

（3）陈原的理解

在20世纪80年代，我国学者陈原对语言如此界定：“语言是一种社会现象。语言是人类最重要的交际工具，语言是人的思想的直接显示。”④

（4）许国璋的理解

许国璋认为，“语言是人类特有的一种符号系统，当其作用于人与人时，语言是表达人与人反应的中介；当其作用于人与客观世界时，语言是人类认知客观事物的工具；当其作用于文化时，语言是文化信息的容器和载体”⑤。

（5）王力的理解

根据王力的观点，“语言是人们表达情感与思想的工具……人类普遍的

① Whitney W D. Nature and Origin of Language [A]. The Origin of Language [C]. Bristol：Thoemmes Press，1875：291.

② 王希杰. 语言是什么？ [M]. 上海：上海教育出版社，1983：116–117.

③ 潘文国.对比语言学的新发展[J].中国外语，2006（06）：14–19.

④ 转引自管春林. 从语言定义的演变看我国对语言本质认识的深化 [J]. 湖北第二师范学院学报，2011，（01）：27.

⑤ 许国璋. 语言的定义、功能、起源 [J]. 外语教学与研究，1986，（02）：15.

语言是用口说的，即口语，口语是狭义的语言。口语虽然便利，但很难维持久远，因此人们就创造出文字来代替口语。文字也就成为语言的一种”[①]。

（二）对语言结构和功能的认识

1.对语言结构的认识

任何一门语言都是音义结合的词汇和语法体系，语言中的所有结构要素都是有规律地相互联系、相互制约的，进而构成一个有机的整体。根据这一观点，我们认为，语言的结构是由词汇和语法这两大部分构成的。

（1）词汇

词汇作为语言的建筑材料，由词和熟语两大部分组成。可以说，词和熟语都是现成的语言单位。

就词这一语言单位来看，其是能够独立运用的最小单位，由词素构成。而词素具有不可再分性，是语言的最小单位。例如，英语中manly由词根man和后缀-ly两个词素构成；汉语词汇“野猫”由“野”和“猫”两个词素构成。

就熟语这一语言单位来看，其是词的固定组合。例如，汉语“围魏救赵”，英语“Cast pearls before swine.”等。

词汇的简单罗列不能构成完整、可以理解的话语。换言之，词汇需要受到语法的支配才能具备有条理、可理解的性质。

（2）语法

①语法是语言的组织规律。语法规则可以使词素构成词或词形，由词构成词组，由词和词组构成句子。

②构词规则。用词素构成词的规则叫构词规则。其中，构词规则是构词法，构形规则是构形法，二者合称为词法。

③构造词组规则。词搭配成词组的规则叫构造词组规则。其中，构造词

① 王力. 中国现代语法 [M]. 上海：上海教育出版社，1943：21.

③聆听歌曲。

④聆听歌。

上述四个句子表达意思类似，句法均无错误，但在实际表达时，没有人会用例④，因为它不符合汉语的审美要求。另外，语言的审美功能还可以通过修辞手法来实现，如比喻、排比、双关、拟人等手法都可以体现语言的艺术美感。除此之外，诗歌、口号、绕口令等文学体裁也是对语言审美功能的应用。

二、对文化的理解

文化是一个极其复杂的概念，由于研究的角度不同，得出的结论也千差万别。下面就从几个层面来具体探讨一下什么是文化。

（一）文化的定义

关于文化的定义，国内外学者从不同的角度出发，提出了各种观点和看法。自从19世纪以来，人们对“文化”这一术语就没有一个确切的、统一的界定。到目前为止，中西方关于文化的定义达500多种。为使读者能够清楚地了解文化概念，下面分别从中西方两个角度对文化的定义展开探讨和分析。

1.中国对文化的定义

“文化”这一词古已有之，但是在古汉语中，这两个词是分开使用的。

“文”的本义是指“各色交错的纹理”，有纹饰、文章的意思，如《礼记·乐记》中有“五色成文而不乱”的记载。后来，《说文解字》中称“文，错画也，象交叉”，在这里的“文”有了两层引申意义：一是指各种象征符号以及文物典籍、礼仪制度等，二是指在伦理之说的基础上引出的装饰、彩画以及人为修养等含义。

“化”本义是“改易、生成、造化”，如《易·系辞下》中有“男女构精，万物化生”的说法；《庄子·逍遥游》中称：“化而为鸟，其名为鹏”。后来，“化”引申为教化、改造、培育等含义。

而“文”与“化”合并成一个词使用是在西汉之后。西汉刘向的《说苑·指武》中记载：“圣人之治天下也，先文德而后武力。凡武之兴，为不服也；文化不改，然后加诛。”此句中，“文化”的含义是指古代君王治理王朝的一种手段，即文治教化。在此之后，“文化”一词被广泛使用并且也引申出很多其他的含义，有的与无教化的“野蛮”“质朴”相对，有的与天造地设的自然相对。可见，文化有了人文、人伦的含义。

到了近现代，“文化”一词已经成为一个具有丰富内涵意义和外延意义的多维概念，使用的范围和领域也是非常广泛的。我国20世纪70年代出版的《辞海》一书对文化是这样定义的：文化有广义和狭义之分。从广义上说，文化是在社会发展过程中人类所创造的物质财富和精神财富的总和；从狭义上说，文化是指一种社会意识形态，以及与之相适应的制度和组织机构。①

从上述几种定义可以看出，汉语中的“文化”大致分为以下两种含义。（1）用作动词。文化是一个用特定方法来普及和教化文明礼仪的过程。（2）用作名词。文化是人类意识、精神、智慧以及创造成果的集合。

虽然中西方学者对于文化的定义说法各异，但都体现出文化是一个包容性很广的概念。不同的民族在不同的生态环境下，创造独特文化的同时也被自己的文化塑造。综合以上观点，本书认为文化是人类有意识地创造一切物质财富和精神财富的总和。

2.西方对文化的定义

西方语言中的“文化（culture）”一词源自拉丁文“cultus”，它的意思是“开化、开发”，常用于居住、耕种、练习以及敬畏神灵。到了中世纪以后，“文化”开始用来指精神层面的审美情趣和价值观念。19世纪下半叶，随着社会学、人类学以及文化学等学科的兴起，很多学者给“文化”一词下了不同的定义。

---

① 严明. 跨文化交际理论研究 [M]. 哈尔滨：黑龙江大学出版社，2009：2.

在众多的文化定义中，以人类学家泰勒（Edward Tylor）以及马林诺夫斯基（Malinowski）的观点最受推崇。前者认为，“文化是一个复合的整体，包含知识、信仰、艺术、道德、法律、风俗，以及人类在社会里所获得的一切能力与习惯。”[①]这是以文化的精神性和整合性为着眼点进行分析的。后者认为，“文化是一种能够满足人类生存需要的社会制度，也是一套有组织的风俗与活动的体系”。[②]这是以文化的制度性和功能性为着眼点进行分析的。

语言学者莉奈尔·戴维斯（Linell Davis）认为，“文化是信仰、风俗、价值、行为、机构和文化模式的集合体，在这一集合体中，人们可以相互学习、相互分享。”[③]

美国著名学者萨莫瓦等人（Samovar et al.）将文化界定为：“一些特定人群通过个人、集体的努力来获取经验、知识、价值观、信仰、意义、态度、时间观、宇宙观、物质财富等。”[④]

（二）文化的特点

文化是由人创造并发展的，与人类本身和人类的活动有着直接、密切的关系。从哲学上说，文化具有共性和个性特征。其中的共性是说人们的认识都是来源于一个客观的自然环境，因此是基本相同的，主要包含继承性、兼容性、社会性、民族性、系统性、可变性等层面。而个性是指受各民族所处环境的影响，因此产生了不同的语言文化。下面主要从文化的共性特征来进行具体论述。

1.继承性

文化是一种历史现象，是社会历史的沉淀物，因此具有极强的继承性。

---

① [英]泰勒著，蔡江浓编译. 原始文化 [M]. 杭州：浙江人民出版社，1988：53.

② 转引自吴为善，严慧仙. 跨文化交际概论 [M]. 北京：商务印书馆，2009：2.

③ [美]戴维斯. 跨文化交际教程 [M]. 北京：外语教学与研究出版社，2001：24.

④ Samovar，L. & Porter，R. Communication between Cultures [M]. Belmont，CA：Wadsworth Publishing Company，1995：47.

每一代人都会在继承原有文化的基础上发展自己的文化，为社会文化的发展做出应有的贡献。这也就形成了历史文化不断扬弃和革新的局面。例如，中国人在喜庆日有挂红灯的习俗，这是继承并延续了中华民族数千年来传统文化的表现。

2.兼容性

任何文化都具有兼容性，文化的兼容性是文化生存和发展的内在动力。我们所说的“封闭式文化”和“开放式文化”都是相对而言的，完全封闭或完全开放的文化都是不存在的。这是因为，完全开放的文化消除了自身的个性就会消融在其他文化之中；完全封闭的文化则因为缺乏与其他文化的交流而失去发展更新的动力，最终走向消亡。①

3.社会性

文化是一种社会现象，因此它具有社会性特征。这主要体现在以下两个层面。

（1）相对自然而言，文化是人们创造性活动的产物。例如，树根、冰块、贝壳、苇草等自然物品经过人们加工之后变成了冰雕、根雕、饰品、草鞋等文化物品。

（2）相对人类行为而言，文化对人类的行为有着重要的规范作用。一个人从小在什么样的文化环境下生活，它的言谈举止也就会被纳入相应的轨道。同时，人们也可以在文化的轨道中掌握多种多样的处世规则，因此可以说，人既是社会中的人，也是文化中的人。

4.民族性

各民族的文化共同构成了人类文化的总体，因此从不同民族的角度来分析，文化具有明显的民族性特征。由于各个民族生存环境、社会经济水平以及文化积累程度的不同，形成了民族文化鲜明的“特异性”。

① 王恩科，李昕，奉霞. 文化视角与翻译实践 [M]. 北京：国防工业出版社，2007：18.

民族是一个社会共同体，因此越古老的文明，其民族性就越强。例如，中华民族是以汉族为主体的拥有56个民族的大家庭，而其中每个民族都有其自身的特色，如蒙古族擅长骑马射箭、维吾尔族擅长歌舞等。

同样，西方国家的各个民族文化中也体现了民族性的特征。例如，希腊民族和犹太民族对待宗教的态度就大不相同。前者在处理人与神的关系上，始终追求的是人与神的自然和谐统一；而后者将上帝看成万能的，宇宙中的万物尤其是人类都受到上帝的支配，尽管人类有着无穷的智慧，但是也不能触犯神威，这种对神绝对服从的思想变成了犹太民族根深蒂固的心理。这就是文化的民族性。

5.系统性

文化的系统性是指一种文化就是一个自成体系的文化系统。这个文化系统包括物质文化、制度文化和心理文化三个方面的内容。其中，“物质文化是外显性的，是文化的基础；制度文化是文化的关键；心理文化则是文化的主导与核心。三者相互联系、相互作用，共同构成了一个完整的文化统一体。”①

物质文化属于表层文化。例如，饮食文化、服饰文化、茶文化、工艺品文化、建筑文化等。制度文化属于中层文化。例如，人际关系中的礼俗文化、行为方式等。心理文化由人类在社会实践和意识活动中长期形成的价值观念、思维方式、宗教信仰、社会心态以及审美情趣等多种因素构成。心理文化借助一定的媒介升华为精神性的观念形态，故又被称为心态文化、观念文化，属于深层文化。

6.可变性

文化是人们满足自身需要的结果，因此会不断适时地进行调解，这就是文化的可变性特征。对于这一点，可以从以下两个角度理解。

（1）从历时角度来说，受政治的变更、经济发展的影响以及晚来文化的

---

① 殷莉，韩晓玲等. 英汉习语与民俗文化 [M]. 北京：北京大学出版社，2007：6.

冲击，不同时期的文化也发生了巨大的变化。例如，古代对于美女的评判，楚汉时期以纤细为美，而唐朝以丰腴为美。

（2）从共时角度来说，文化的发展源于技术的发展以及新发明的出现，如电脑、电话、电视、互联网的出现给人们的思维方式和行为方式带来了很大的变化；而飞机、火车、汽车的出现也改变了人们传统的交通方式等。

三、语言与文化关系解析

语言属于一种文化现象，同时语言还隶属于文化。文化的发展又对语言的发展具有一定的制约作用。语言与文化之间的关系具体可归纳为以下几点。

其一，语言能记录文化。语言就像一面镜子，它能真实地反映文化，并对文化的内涵加以揭示。要想很好地进行交际，通常也需要依托语言这一工具，语言具有一种特殊的记录功能，语言可将人类生活的各个方面的文化记录下来。也正因为如此，人们才可借助一个民族的文化来反观这一民族的风俗习惯、思维方式以及价值观等。

其二，语言还对文化起到向导作用。可以说，语言是文化的风向标。语言能够较好地引导人们了解和获悉某种特定文化是如何认识和感知外部世界和客观现实的。反过来讲，文化不同，其所面对的客观现实也往往存在着很大的差异，这种差异又必然会衍生或孕育出不同的语言。因此，可从不同的语言所承载的不同的文化信息中发现、研究和掌握某特定群体的特定文化。

其三，语言是文化发展的必要前提。文化的发展离不开语言，不管是哪一种类型的文化，想得到更好的传承和记载，往往都需要依靠语言，不同文化之间的交流与沟通大多也都是通过语言这一媒介来进行的。并且，语言要想得到较好的发展，同样需要文化的推动，社会文化的进步还能够带动语言的进步。归根结底，语言体系的完善和丰富源于文化的持续不断地充实，假如没有文化这一动力，要想实现语言的发展是不可能的。

总体来说，语言与文化之间是相互联系、相互影响、相互制约的关系，并各自发挥着不同的作用。

第一节　中西词汇、句法对比

一、中西词汇对比

（一）派生法对比

派生法是借助语法形位（即词缀）来构成新词的一种构词法，因此由词缀构成的词称为“派生词”。英语词汇数量庞杂、变化丰富。但是，英语中的词根、前缀和后缀的数量非常有限，其中前缀和后缀的数量虽少，使用场合却特别多，因此词缀成为扩充英语词汇的重要手段，词根、前缀、后缀被称为“扩充词汇的三把钥匙”。词缀法极大地丰富了英语的表现力。

1.前缀构词对比

根据语义不同，前缀可以分为以下九类。

否定前缀：a-，dis-，in-（变体il-，ir-，im-），un-，non-。

反向前缀：de-，dis-，un-。

表贬义前缀：mal-，mis-，pseudo-。

表程度前缀：arch-，co-，extra-，hyper-，macro-，micro-，mini-，out-，over-，sub-，super-，sur-，ultra-，under-。

表方向态度前缀：anti-，contra-，counter-，pro-。

表方位前缀：extra-，fore-，inter-，intra-，super-，tele-，trans-。

表时间前缀：ex-，fore-，post-，pre-，re-。

表数前缀：bi-，di-，multi-，semi-，demi-，hemi-，tri-，uni-，mono-。

其他前缀：auto-，neo-，pan-，proto-，vice-。

英语前缀不改变词性这一性质也并不是绝对的，如a-，be-，en-在构词时就会对词性有所改变。而且，随着时间的推移，改变词性的前缀也在不断增加，如de-，un-，anti-，post-，pre-等。

派生法这一构词法也存在于汉语中，所以汉语中也有词缀。汉语中的前缀主要可以分为以下几种。

严格前缀：阿、老、第、初。

新兴前缀：不、单、多、泛、准、伪、无、亲、反。

结合面宽的前缀：禁、可、好、难、自。

套语前缀：家、舍、先、亡、敝、贱、拙、贵、尊、令。

在汉语中，前缀的意义虚，其主要作用是改变词性，表示语法意义，其功能与英语中的后缀类似，这也是英汉两种语言中前缀的最大区别。但是前缀的意义虚也有程度的不同，其实汉语中有些前缀毫无意义，仅仅是为了构词，如老——老婆、老虎、老大；阿——阿公、阿妈、阿婆等。但绝大多数的前缀是有意义的，如表数的前缀（初、第、单、多）、表否定的前缀（非、无、不）等。

通过对比可以看出，英语中很多词缀在汉语中很难找到相对应的形式，只能用实词语素表示。而汉语中的某些词缀在英语中也没有相对应的形式，只能通过单词表示，如老婆（wife）、老虎（tiger）、阿婆（granny）、阿姨（aunties）等。另外，英语中的多个词缀可以同时表示汉语中的一个词缀，如不安（uneasy）、不法（illegal）、不科学（non-scientific）等。更甚者，汉语中的某些前缀在英语中不得不用后缀表示，如可爱（lovable）、可怕（terrible，fearful）、可恶（hateful）等。而英语中的某些前缀也有用汉语后置语素表示的，如pre-war（战前），prehistoric（史前）等，但与之相对应的并不是汉语后缀，而是词。

2.后缀构词对比

后缀的主要作用是改变词性。相对于前缀而言，后缀与词根的关系更加紧密，因此后缀一般与词根写在一起，无需连字符。后缀按属性可以分为四类：名词后缀、动词后缀、形容词后缀和副词后缀。下面分别进行介绍。

①名词后缀，主要用于构成名词。具体包含以下几种。

加在名词后表示“人”或“物”：-eer，-er，-ess，-ette，-let，-ster。

加在动词后表示“人”或“物”：-ant，-ee，-ent，-er。

加在名词后表示“人，民族”或“语言、信仰”：-ese，-an，-ist，-ite。

workbook，workplace，workshop，newspaper，motorbike，motorcar，birthday，birthbed，bathroom，handbag，gate-keeper，gate man，pencil-box，daytime，lunchtime，lifeboat，lifetime，postcard，postman，post-office，seafood，weekday，weekend，classmate，workmate，northeast，northwest，railway，southeast，southwest，cupboard，keyboard，doorbell，fireplace，farmland，hometown，salesgirl，necklace，wardrobe，spaceship等。

形容词+名词：goodbye，blackboard，greenhouse等。

动名词+名词：washing-room，dinning-hall等。

动词+名词：chopsticks，checkout等。

（2）复合形容词。例如：

形容词+名词+（e）d：kind-hearted，glass-topped等。

形容词+现在分词：good-looking，handwriting等。

副词+现在分词：hard-working等。

名词+现在分词：English-speaking，Chinese-speaking等。

名词+过去分词：man-made，self-made等。

副词+过去分词：well-known等。

形容词+名词：Mideast，round-trip等。

英语中的复合名词和复合形容词占较大比重，但英语中也存在其他复合词，在此就不一一列举了。

汉语中也有很多复合词，它们按照一定的规律和结构组合在一起构成新的词组。例如：

（1）联合：联合结构的复合词中两个词素是平行关系，其结构形式也比较多。

名词+名词形式：笔墨、模范、鱼肉等。

形容词+形容形式：大小、多少、贵贱、远近、松弛、破败、危险、焦躁等。

动词+动词形式：得失、出入、扮演、哭泣、连续、依靠、赊欠等。

联合词组有：乖巧可爱、奋勇争先、聪明伶俐等。

（2）动宾：汉语中动宾关系的复合词较多，动宾复合词中一个是动词，即动作的施动者；一个是宾语，即动作的接受者，因此其结构都为动词+名词的形式。例如，骂人、打球、喝茶、盖楼、唱歌、跳舞、布局、行政、吃力、贴心、抱歉等。

汉语中还有很多动宾词组。例如：

背起书包、发动引擎、收拾屋子、打篮球等。

（3）主谓：主谓关系的复合词中的两个词素，一个是主语，即动作的施动者；另一个是动词，因此主谓关系的复合词都是名词+动词结构。例如：

你说、月圆、狗叫、头疼、海啸、口误、事变等。

汉语中还有很多主谓关系的词组。例如：

会议开始、敌人撤退、食物充足等。

（4）偏正：偏正复合词中的一个词素去修饰另一个词素，被修饰的名词在后，前面的修饰后面的。汉语中偏正结构的复合词最多，其结构多样且较为复杂。

名词+名词形式：汽车、油画、蜡笔、金鱼等。

动词+名词形式：奖状、敬意等。

形容词+名词形式：温泉、红娘、赤子、高原、高档等。

动词+动词形式：顾问、通知等。

形容词+动词形式：深爱、冷战、内斗等。

形容词+形容词形式：净重、平方、钞票等。

汉语中的偏正词组也有很多。例如：

特别难过、很高兴、特别伤心等。

以上这些词都是汉语中的复合词，这些词和英语中的复合词的构成很类似。但是有一点是汉语中的复合构词法独有的，即重叠词。所谓重叠词，指的是构成词汇的两个词素是相同的，主要有以下几种形式。

名词+名词形式：爷爷、奶奶、爸爸、妈妈、叔叔、伯伯、猩猩等。

动词+动词形式：谢谢、偷偷、闪闪、看看、侃侃、跌跌撞撞、拉拉扯扯等。

形容词+形容词形式：好好、明明、暗暗、寥寥、宝宝、乖乖、慌慌张张、疯疯癫癫等。

数词+数词形式：万万、斤斤、个个、件件等。

二、中西句法对比

句子是根据一定的组成规律，由若干个词或者词组构成的能够独立表达完整意义的单位。受文化因素的影响，英汉两种语言在句法层面既有相同点，也有差异。这里主要从形合与意合、句型层次等方面对中西句法展开对比分析。

（一）英语形合与汉语意合

英语形合和汉语意合是英汉两种语言最重要的句法差异。经中外学者研究认定，英语语言具有明显的形合特征，故属于形合语言；而汉语语言的意合特征显著，因此属于意合语言。

1.英语形合

重形合的英语语言主张“造句时要保证形式完整，句子以形寓意，以法摄神，因而严密规范，采用的是焦点句法”。使句子具有形合特点的连接手段和形式都非常丰富，如介词、连词、关系代词、关系副词、连接代词、连接副词等。例如：

On campuses all across the United States，Americans who lectured and studied in China in the 1930s and 40s today are invigorating our own intellectual life—none of them with greater distinction than Professor John K. Fairbank，who honors us by joining my traveling party.

（今天在美国的各个大学里，曾经于20世纪三四十年代在中国讲学并做过研究的美国人正活跃着美国的学术生活。他们中间最有名望的是费正清教授，他这次同我们一起访华，使我们感到荣幸。）

本例中的主句以Americans为主语，以are invigorating为谓语。此外，本例还包含两个定语从句。尽管结构较为复杂，且含有较多的名词、代词与介词，但主干结构与修饰成分之间的内在关系却是十分清晰的，这充分体现出英语句子的形合特点。

2.汉语意合

汉语是意合语言，即“造句时注重意念连贯，不求结构整齐，句子以意役形、以神统法，因而流泻铺排，采用的是三点句法”。汉语句子很少使用显性的连接手段，句子各成分之间的逻辑多依靠上下文和事理顺序来间接显示。例如：

我从此便整天地站在柜台里，专管我的职务。虽然没有什么失职，但总觉得有些单调，有些无聊。掌柜是一副凶脸孔，主顾也没有好声气，教人活泼不得；只有孔乙己到店，才可以笑几声，所以至今还记得。

（鲁迅《孔乙己》）

本例所要表达的含义必须经过读者自己的分析才能体会到。尽管出现了“虽然”“但”“所以”等关联词，但句子之间的含义主要是通过内在逻辑关系体现出来的。

（二）中西句型层次对比

句型是造句的基本模型，是句子的基本框架。由于英汉语言各自存在的特征，两种语言下的句子存在明显的异同，相同之处就是两种句子都是按照主谓结构排列的，不同之处在于谓语部分的完整性上，即英语句子注重谓语完整，而汉语则不一定非得完整。

从句型层次上来说，中西对句子划分的依据是不完全一致的。英语句子一般分为简单句、复杂句、并列句以及并列复杂句。例如：

The boy is reading.（简单句）

The boy is reading and his sister is playing.（并列句）

The girl who I know is his sister.（复杂句）

When the girl is seven years old，she begins to go to school but her brother has been a entrepreneur.（并列复杂句）

汉语句子中也存在类似的划分法，句子可以分为简单句、复杂句，复杂句又可以分为并列复杂句和偏正复杂句。例如：

他喜欢放风筝。（简单句）

我是电影明星，我妹妹是企业家。（并列复杂句）

因为他是一名大学生，所以村里面的人都很羡慕他，但是他总是不以为意。（偏正复杂句）

从以上句法层次的对比可以看出，与英语相比，汉语更加注重将句法和语义融为一体。英语复杂句中的部分句子存在层级、包含的关系，但是汉语复杂句中的分句是独立的平等关系。

第二节　中西段落、语篇对比

一、中西段落对比

段落是由句子组成的，而同样段落不仅是构成语篇的重要成分，同时也是一个相对独立的个体。由于中西思维及文化背景的不同，中西语言在表达习惯上呈现出巨大的差异。其差异性具体体现在两个层面上，即段落的结构以及段落的意义，下面对这两个层面进行对比和研究。

（一）中西段落结构对比

英美人的思维方式是直线式的。正是由于这方面的差异，在段落结构的安排上，英语中的每一个段落都必须集中一个内容，而且一个段落中往往有一个主题句概括段落的中心思想，其他内容则围绕这一主题句展开。例如：

Soccer is a difficult sport. A player must be able to run steadily without rest. Sometimes a player must hit the ball with his or her head. Players must be willing to bang into and be banged into by others. They must put up with aching feet and sore muscles.

段落中的第一句为主题句，点明了段落的主旨，其余的内容都是紧紧围绕主题句展开的。这种“主题句+辅助句”的结构常见于英语段落中，尤其是在议论文和说明文中。

这种段落结构在汉语也会见到。例如：

有趣的是，相貌平平的人可能比漂亮的人有更多的机会获得美满的婚姻。本杰明·富兰克林曾劝告过一个年轻人娶一个善于理家但长相一般的女子，因为这样的女子会花更多的时间去考虑做一个贤妻良母。她们或许比漂亮女子更重视丰富的爱情或精神生活。因此，有眼光的男人往往喜爱一个相貌平平却十分温柔、真挚的女子，而女子往往喜爱一个长相一般但有智慧、有勇气、有事业心的男子。

上述段落在文章的开始就提出了论点，然后围绕论点展开层层分析。这样的结构便于读者把握文章主旨和中心要点。

但是，这种结构在汉语中并不多见。由于中国人多有螺旋式思维，所以汉语语篇中更多的段落结构是采用归纳法展开，并将论点置于段落的结尾处，目的是引发读者的思考。例如：

在非洲，每天早晨羚羊睁开眼睛，所想的第一件事就是：我必须比跑得最快的狮子跑得更快，否则，我就会被狮子吃掉。而就在同一时刻，狮子从睡梦中醒来，首先闪现在脑海里的一个念头是：我必须能追上跑得最慢的羚羊，要不然我就会被饿死。于是，几乎是同时，羚羊和狮子一跃而起，迎着朝阳跑去。生活就是这样，不论你是狮子还是羚羊，每当太阳升起的时候，都毫不迟疑地向前奔跑。

该例中前面的部分都是在分析说明，直到句子最后才指出论点，点明主题。

总体而言，英语论说文中常采用“开门见山”的形式，也就是开篇直接点题，然后解释说明论点；汉语段落往往是先对现象和事实进行分析，最后进行总结，点明主题。以下通过一个例子来系统地了解一下中西段落结构的特点和差异。

Three passions，simple but overwhelmingly strong，have governed my life：longing for love，the search for knowledge，and unbearable pity for the suffering of mankind.

（渴望爱、寻求知识和对人类苦难的深切同情，这是支配我的生活的三种简单而无比强烈的情感。）

上述这一段落是一个典型的直线型模式，即先总结论述，后展开分述。而与之相对的汉语译文则是螺旋式模式，即先进行分述，后进行总结。

此外，中西段落结构在整体规范的程度上也有所不同。其中，英语段落多具有结构规整、模式固定的特点，这也是英语高度形式化在段落篇章中的具体体现。来看下面例子：

Recent years have been golden ones for professional athletes. Professional athletes in number of fields are making more money than ever before.（主旨句）For example，in golf there have been three professional golfers who topped the one-million-dollar mark in lifetime earnings.（1）In basketball one player recently negotiated a contract providing him with an annual income of $ 200,000. And within the past year，several college All-Americans signed basketball contracts which made them millionaires overnight. Today the least amount that a professional basketball player can receive annually is in excess of $13,000.（2）Baseball's rosters contain a number of stars who receive $100,000 or more to play for a single season. Six-figure bonuses are commonplace.（3）The same is true in football. College stars sign contracts which guarantee them financial security before they have proven themselves on the field as professionals. Well-established players receive salaries comparable to the stars in the other sports.（4）

上述是一个典型的英语段落结构，具有明显的高度形式化特征：作者首先表达了一个观点，即文章的主旨句，然后通过举了四个例子来对观点进行论证和说明。整体上来说，段落结构是比较规范的。

但这种结构整齐规范的段落结构在汉语语篇中并不多见。汉语段落通常不会聚焦于一个中心议题，往往是随意性地进行论述。

以上段落中只有一个中心议题，却没有主题句来点明，可见其结构的随意性。实际上，汉语文章中的很多段落都没有主题句，而且一个段落中常会包含多个观点。

（二）中西段落意义对比

英语重形合，而汉语重意合。因此，在英语中，常常需要借用连接词来保证句子的连贯性，而汉语主要是通过意义来保证句子的逻辑关系，简单来说就是只要意义是具体相关的，整个段落就会自然地流动，汉语句子与句子之间也不需要过多的连接词，而是靠意义进行自然衔接和连贯。

在英语中，段落的构成一般可以分为两种：一种是主题句—阐述句—总结句；一种是形散神聚结构，这和汉语的某一中心思想统领的结构很类似，但是又与其有着明显的区别，即英语中常常会使用较多的连贯手段，从而保证句子与句子之间在形式上的各种组合关系。前一种句子的主题句要表明整个段落的主题，接下来的句子要在意义上与之相关联。例如：

Gold，a precious metal，is prized for two important characteristics.

First of all，gold has a lustrous beauty that is resistant to corrosion. Therefore，it is suitable for jewelry，coins and ornamental purposes. Gold never needs to be polished and win remain beautiful forever. For example，a Macedonian coin remains as untarnished today as the day it was minted twenty-three centuries ago.

Another important characteristic of gold is its usefulness to industry and science. For many years，it has been used in hundreds of industrial applications. The most recent use of gold is in astronaut’s suits. Astronauts wear gold-plated heat shields for protection out-side the spaceship.

In conclusion，gold is treasured not only for its beauty，but also for its utility.

这本来属于一个整段落，这里为了说明的方便，将其进行了分解。文章的第一句为本段的中心思想，并且two important characteristics与下文形成关联。下面分别以First of all与Another important characteristic对其进行了分述，最后以In conclusion对之前的叙述作了总结。可见，本段落条理清晰，运用逻辑标识词语保证了整个段落意义上的连贯。

而在汉语中，保证意义的连贯性的手段主要有两种：一是逻辑的连贯，二是过渡词的使用。前者主要依靠扩展句自身的逻辑关系来保证句子排列顺序的连贯，后者主要依靠这些连贯词语来达到意义的连贯。例如：

自1840年鸦片战争使中国蒙受历史性侮辱以来，从林则徐、魏源、龚自珍到孙中山，历代志士仁人曾为中国的救亡和发展，前仆后继，英勇奋斗，但由于缺少科学理论的指导而饮恨九泉。实践告诉我们，在一个半殖民地半封建的中国，改良封建专制制度，不是出路；实行资本主义，亦非良策。在历史的比较中我们认识到，唯有马克思列宁主义，才能救中国。马克思列宁主义一经传入中国，中国人民就在精神上由被动转为主动，中国共产党才在马克思列宁主义和中国工人运动的结合中诞生并成为中国革命的领导力量，中国人民的民族解放和民族振兴才找到了正确的方向。从此，开始了马克思列宁主义在中国的实践和发展历程。

这段文字的中心思想是：只有马克思列宁主义才能救中国。但是这句话并未在整个段落中明明白白地列出来，而是通过每个句子的连贯来体现这一意义。

在意义的连贯上，英语初学者常常会出现信笔游走的问题，在行文组织上没有任何的规范，或者缺少必要的过渡词。例如：

原段落：

But everything has two sides. Indeed science and technology have brought us a lot of benefits. We are enjoying them，but we are also suffering from a lot of troubles：water pollution，noise and green-house effect. For example，cars pollute the air，crowd the cities. They are responsible for heart diseases because we don’t have to walk anywhere any more.

修改后段落：

Everything，however，has two sides. While we are enjoying the remarkable benefits which science and technology have brought us，we are suffering from a lot of troubles such as：water pollution，noise and greenhouse effect. Let’s take cars for example. cars not only pollute the air but also crowd the cities. Moreover，they are responsible for heart diseases because we don't have to walk anywhere any more.

此例中修改前的段落虽然有主题句和扩展句，与英语的段落结构是相符合的。但因为语篇作者受到其母语文化思维的影响，即汉式文化思维的影响而使英语段落的句式结构不符合英语段落的要求。段落与段落之间缺少衔接与连贯，让信息的表达呈现跳跃式，缺乏严密的逻辑关系。在我国，很多学生写的英语文章在用词、语法方面并没有什么错误，基本的意思也简单明了，但是读起来还是像中文翻译作文，缺少明显的意义连贯，缺乏语言的美感，这就是因为不了解中西思维差异，不了解中西段落的差异，按照汉语的思维习惯和段落特点去写英语文章。

经过修改后的段落中句与句之间衔接紧密，全文流畅通顺。由此可见，段落中语义的连贯是十分重要的。英语学习者应该对中西段落结构的差异性有所掌握，在写作中注意连贯手段的运用，恰当地使用过渡词语，达到句子与句子之间的连接，保证文章结构清晰、层次分明。

二、中西语篇对比

中西两种语言在语篇结构上存在着一些相似的地方，在表现形态上，灵活性比较强，可长可短；语篇是由段落组成的，而段落是由句子组成的，因此语篇的功能和意义是按照一定的组织结构来进行表达的；中西语篇都要求内容的一致性以及结构的衔接性，为了实现这一目的，二者都会采取各自有效的衔接手段。

（一）中西语篇模式对比

语篇段落的组织模式实际上说的是段落的框架，即以段落的内容与形式作为基点，对段落进行划分的方法。语篇段落组织模式是对语言交际的一种限制，对于语篇翻译而言至关重要。

中西两种语篇段落组织模式存在相似的地方，即都使用主张—反主张模式、叙事模式、匹配比较模式等。但是，二者也存在着一些差异。

1.英语语篇模式

英语的语篇展开模式主要包括以下五种。

（1）叙事模式

叙事模式就是根据一定的时间顺序对事件经过进行叙述的模式。该模式通常以第一人称或第二人称为叙事角度，叙事时要交代清楚何时（when）、何地（where）、何事（what）、何人（who）以及为何（why）五个方面的内容。叙事模式常见于人物传记、新闻报道、历史故事等。

（2）匹配比较模式

当需要通过对两种事物的相同之处和不同之处进行比较来说明事物、分析道理时，常使用匹配比较模式。具体来说，匹配比较模式包含以下两种方式。

①整体比较。这种方式首先进行整体概括，然后对细节进行说明，最后将比较双方之间的辩证关系明确指出来。

②对应点比较。这种方式从各个比较维度进行逐一比较，可达到对称整齐、条理清晰的效果，易给读者留下深刻印象。

（3）概括—具体模式

该模式的语篇展开顺序是：概括陈述—具体陈述1—具体陈述2—具体陈述3，以此类推。这一模式在文学著作、社会科学、自然科学语篇中是较为常见的。

（4）问题—解决模式

问题—解决模式的程序是：首先说明情况，然后提出问题，随后做出反应，采取的反应可能解决了问题，也可能没有或没有完全解决，最后对此作出相应评价。[①]该语篇模式在科学论文、试验报告、新闻报道、文学语篇中都很常见。

（5）主张—反主张模式

主张—反主张模式描述顺序为：提出主张或观点—进行澄清—说明主张或观点/提出反对主张或真实情况。该模式是论辩类语篇的典型模式。

需要注意的是，一种语篇模式不仅可以与其他模式结合在一起，从而构成更大的语篇，有的语篇模式甚至可以包含在另一种语篇模式之中。上述五种语篇模式并非孤立存在的，而是可依表达需要进行灵活组合与调整。

从整体上来看，英语语篇模式有以下特点。

---

① 杨丰宁. 中西语言比较与翻译 [M]. 天津：天津大学出版社，2006：202.

（1）语句之间的连接具有显性特征。

（2）篇章展开分析强调理性、注重形式、结构严谨、层次清晰，篇章具有较固定的焦点和重心位置。

（3）语篇模式的展开顺序一般是先综合、后分析，从一般到特殊。

2.汉语语篇模式

与英语语篇的段落组织模式相比，汉语语篇主要有以下两点特色。

（1）一般来说，汉语语篇段落的重心位置与焦点多位于句首，但这也不是固定的，一般具有流动性与灵活性。例如：

两百多年前，法国一位医生想发明一种能判断胸腔健康状况的器械。他经过刻苦钻研，始终想不出什么好办法。一天他领着女儿到公园玩。当女儿玩跷跷板的时候……世界上第一个听诊器就这样诞生了。如此看来，科学家的灵感并不是什么神秘莫测的东西，关键在于勤奋，在于实践，在于不怕失败，努力探索。鲁班发明锯子的传说同样给我们深刻的启示。据说他有一次上山用手抓着丝茅草攀登……而只有鲁班由这件事启发了灵感，发明了锯子。

在上述语篇中，其重心位置与焦点并没有出现在段尾，也没有出现在段首，而是出现在段落的中间位置，即“科学家的灵感并不是什么神秘莫测的东西，关键在于勤奋，在于实践，在于不怕失败，努力探索”。这则语篇清晰地体现了汉语段落组织重点或焦点的灵活性。

（2）汉语语篇的段落组织重心和焦点有时候会很模糊，并没有在段落中体现出来，甚至有时候不存在重心句和焦点句。例如：

近一段时期以来，从报纸、广播、电视上得知，不少地方都在做同一项工作——补发拖欠教师的工资。有的是“省市主要领导过问”，有的是“限令在教师节前全部补齐”。湖北某市的领导还卖掉日产“公爵王”轿车，把35万元卖车钱用于还欠教师的债。总之，这些报道在宣传“领导的尊师重教之情”，向我们报告着一个又一个的好消息。

（二）中西语篇衔接手段对比

1.英语语篇的衔接手段

英语语篇强调结构的完整性，句子多有形态变化，并借助丰富的衔接手段，使句子成分之间、句与句之间，甚至是段落与段落之间的时间和空间逻辑框架趋于严密。形合手段的缺失会直接导致语义的表达和连贯，因此英语语篇多呈现为“葡萄型”，即主干结构较短，外围或扩展成分可构成叠床架屋式的繁杂句式。此外，英语语篇中句子的主干或主谓结构是描述的焦点，主句中核心的谓语动词是信息的焦点，其他动词依次降级。具体来说，英语的衔接手段主要包括两种。

（1）形态变化

形态变化是指词语本身所发生的词形变化，包括构形变化和构词变化。构形变化既包括词语在构句时发生的性、数、格、时态、语态等的形态变化，也包括非谓语动词等的种种形态变化；构词变化与词语的派生有关。

（2）形式词

形式词用于表示词、句、段落、语篇之间的逻辑关系，主要是各种连接词、冠词、介词、副词和某些代词等。连接词既包括用来引导从句的关系代词、关系副词、连接副词、连接代词等，又包括一些并列连词，如and，but，or，both...and，either...or，not only...but also等。此外，还有一些具有连接功能的词，如as well as，as much，more than，rather than，for，so that等。

2.汉语语篇的衔接手段

汉语语篇表达流畅、节奏均匀，以词汇为手段进行的衔接较少，过多的衔接手段会影响语篇意义的连贯性。汉语有独特的行文和表意规则，总体上更注重以意合手段来表达时空和语义上的逻辑关系，因此汉语中多流水句、词组或小句堆叠的结构。汉语语篇的行文规则灵活，多呈现为“竹节型”，句子以平面展开，按照自然的时间关系进行构句，断句频繁，且句式较短。

汉语并列结构中往往会省略并列连词，如“东西南北”“中美关系”等。

此外，汉语语篇句子之间的从属关系常常是隐性的，没有英语中的关系代词、关系副词、连接副词、连接代词等。

3.中西语篇具体衔接手段对比

由于英语和汉语在词汇衔接手段上大致相同，但是在语法衔接上却有很多不同之处，因此这里主要对中西语法衔接手段进行对比。

（1）照应

当英语语篇需要对某个词语进行阐释时，如果很难从其本身入手，却可以从该词语所指找到答案，就可以说这个语篇中形成了一个照应关系。由此可见，照应从本质上看是一种语义关系。

照应的使用可以使语篇更加连贯。例如：

Readers look for the topics of sentence to tell them what a whole passages is “about”, if they feel that its sequence of topics focuses on a limited set of related topic, then they will feel they are moving through that passage from cumulatively coherent point of view.

本例中，they和readers构成了照应关系。

汉语的情况也是如此。例如：

有一次，在拥挤的车厢门口，我听见一位男乘客客客气气地问他前面的一个女乘客：“您下车吗？”女乘客没理他。

该例句中用“他”来回指“男乘客”。

需要注意的是，汉语中没有关系代词，而关系代词尤其是人称代词在英语中的使用频率要远高于汉语。因此，汉语语篇的人称代词在英语中常用关系代词来表示。

（2）省略

将语言结构中的某个不必要的部分省去不提的现象就是省略。由于英语的语法结构比较严格，省略作为一种形态或形式上的标记并不会引起歧义，因此省略在英语中的使用远高于汉语。例如：

每个人都对他所属的社会负有责任，通过社会对人类负有责任。

Everybody has a responsibility to the society of which he is a part and through this to mankind.

需要注意的是，在省略成分方面，中西语篇也存在明显区别。具体来说，英语中的主语通常不予省略，而汉语语篇中的主语在出现一次后再出现的均可省略，这是因为与英语主语相比，汉语主语的承接力、控制力都更强。

（3）连接

一般来说，连接关系是借助连接词或副词、词组等实现的，且连接成分的含义通常都较为明确。连接不仅有利于读者通过上下文来预测语义，还可以更快速、更准确地理解句子之间的语义联系。

就英语连接而言，著名语言学家韩礼德（Halliday）将英语的连接词语根据其功能划分为转折、因果、添加与递进、时序四类。①

①转折。英语中表转折关系的连接词语有but，however，on the contrary，neither...nor...，nevertheless等。

②因果。英语中表因果关系的连接词有as a result，consequently，thus，so，therefore，because，since等。

③添加与递进。英语中表达添加，递进的连接词有and，furthermore，in addition，what is more等。

④时序。当标示篇章中的事件发生的时间关系时，常借助一些时序性词语，如first，then，next，formerly，in the end等。

汉语中也有这四种连接关系。

①增补、添加。这类关系的连接词有“再说”“再则”“而且”“此外”“况且”等。

②转折。这类关系的连接词有“可是”“但是”“然而”等。

③因果关系。这类关系的连接词有“由于”“因为”“所以”“因此”“于是”“结果是”等。

④时序关系。这类关系的连接词语有“后来”“接着”“尔后”“原先”“最后”等。

中西语篇在连接方面的差异主要表现在以下两点。

其一，英语连接词具有显性特征，汉语连接词具有隐性特征。

其二，英语的平行结构常用连接词来连接，而汉语中的衔接关系常通过

① 袁憬.韩礼德式衔接在话语分析中的重要性及应用[J].丝绸之路，2009，（08）：65-68.

对偶、排比等来实现。

（4）替代

替代是用代替形式来取代上文中的某一个成分。在语篇中，替代词本身并没有实际意义，其语义应从被替代的成分中寻找。替代的使用是为了避免重复。

在英语段落中，通常使用词汇的替代来实现句子与句子之间的呼应。英语中的替代包括名词性替代、动词性替代、分句性替代。例如：

Paul bought a wallet as a birthday gift to his father. It's amusing that his brother gave the same to him.（名词性替代，the same替代a wallet）

In any casework does not include time，but power does.（动词性替代，does替代include time）

People believe that the American team will win the football game. Peter think so，but I believe not.（分句性替代，not替代the American team will win the football game）

与英语相比，汉语的替代形式不多，这主要是因为汉语习惯重复用词。此外，汉语的替代手段也相对单一，替代经常通过“的”字结构与指示代词来实现。

A：先生，请问你们喝哪种饮料？

B：红的还是白的，大家统一统一意见。

本例中的“红的”“白的”都为名词性替代，替代“饮料”。

丈夫：我打算把老的那套房子出租，新的这套自己住。怎么样？

妻子：这样行。不过得另外筹钱装修新房。

本例中“这样”为动词性替代兼分句性替代，替代“把老的那套房子出租，新的这套自己住”。

今天又来了两份文件需要翻译，你做不做？

本例中“做不做”为动词性替代，替代“翻译”。

英汉两种语言中都有词、词组、分句的替代词语，但是二者也存在一些差异：英语的替代手段多于汉语，如在名词性替代方面，英语中有one，ones，this，that，the same等，而汉语中却只有“的”字结构；英语使用替代衔接手段的频率比汉语要高，在英语中使用替代衔接方式，汉语主要是借助重复或省略实现语篇的衔接。

第三节　中西修辞、语用对比

一、中西修辞对比

修辞是语言智慧的反映，体现出了不同民族、不同文化的语言艺术。中西在修辞方面带有自身的特点。

（一）中西倒装修辞对比

通俗来讲，倒装（inversion）就是将正常的句子顺序进行颠倒，从而起到平衡句式、突出重点、衔接紧密的作用，增加语言表达的生动性与形象性。

英汉两种语言中都有倒装修辞的存在，但是从数量上看，英语中倒装修辞的使用较为常见，汉语中的倒装修辞在古文中可以看到，现代汉语中使用得并不是很多。例如：

The door burst open and in rushed a troop of children in all sorts of fancy dresses.

（门一开，“呼”的一声跑进来一群穿着各式各样化装衣服的孩子。）

（二）中西对偶修辞对比

对偶（antithesis）修辞指的是利用字词数相等和结构相似的两个语句表现论题相关或对立、意思相近或相反的一种修辞方法。[①]

英汉两种语言中都有对偶的修辞方式，但是由于各自不同的语言特点，对偶修辞也带有一定的差异。

对偶修辞在使用过程中对文字的工整性有一定的要求，同时还要求字

---

① 李建军，盛卓立. 中西语言对比与翻译 [M]. 武汉：武汉大学出版社，2014：102.

数、词性的对应，因此并不是十分简便。汉语表达多样且工整，因此经常使用对偶的修辞。例如：

无边落木萧萧下，不尽长江滚滚来。

（杜甫《登高》）

诸葛亮舌战群儒，鲁子敬力排众议。

（《三国演义》第四十三回标题）

与汉语文字特点不同，英语在文字特点的限制下，对偶修辞的使用不如汉语广泛，主要用于体现句子语法结构的表达上。例如：

When you are present，you wish to be absent，and when absent，you desire to be present.

Many are called，but few are chosen.

二、中西语用对比

语用，简而言之，就是语言的运用。英汉语言由于具体的语系不同、语言方式不同等因素，在语言运用方面也有着自身的特点。

（一）中西语用功能对比

1.词汇语用对比

词汇语用指的是利用词汇变化来表达话语的语用功能。通过词汇语用的使用，交际双方都能了解话语的言外之意，从而促进交际的顺利展开。

（1）词汇运用变化差异

在词汇语用变化方面，英汉两种语言有很大不同。英语主要是通过屈折形态变化来表达不同的语用含义，而汉语则较多通过词汇手段，如虚词、语气词、助词等来表现语用功能。

例如，英语中的敬称主要是通过your加上具体需要敬称的词语构成，如your majesty，your highness等。而汉语中的敬称可以通过不同的词汇表示，如您的大作、贵子等。

（2）词汇运用原则差异

受不同的社会背景、历史环境等因素的影响，不同的语言形成了不同的词汇系统，在词语的运用和选择上也带有很大的差异性。

例如，在打招呼方面，英语习惯通过问候天气，而汉语中则较多用“吃了吗？”“干嘛去？”等进行表达。受中西方传统思维形式的影响，西方人多为直线思维，表达过程中喜欢直接表达自身感受，并注重个人隐私与个人空间。中国人受儒家思想的影响，注重交际中的礼仪，在问候、称呼、称谓等方面都带有自身的特点。

2.语法语用对比

英汉两种语言在语法语用方面也带有各自的特点，因此也会产生不同的语用功能。不同的语用功能可能会通过相似的句法形式传达，相同的语用功能也可能通过不同的句法形式传达。

（1）不同句法形式带有相同的语用功能

在具体语言环境的作用下，交际者会根据不同的交际意图、选择使用不同的语言策略。在英汉两种语言中，不同的句法形式可能具有相同的语用功能的表达。例如：

Close the door.

（关门。）

Someone’s forgotten to close the door.

（有人忘了关门。）

Can you feel cold in this room?

（在屋子里你感觉冷吗？）

对上述三个例句进行分析可以看出，其有祈使句、陈述句和疑问句三种语言形式，但是最终的语用功能都是用来表达命令。需要指出的一点是，在请求他人做事时，英汉两种表达带有差异性。通常英语中会使用间接的言语行为，而汉语中则通常使用直接的言语行为。例如：

Can you tell me where the post-office is?

（劳驾，邮局怎么走？）

（2）相同句法形式带有不同的语用功能

语用学主张联合不同的语言环境进行话语的理解。在具体的交际场景中，相同的句法形式也可能带有不同的语用功能。在英汉两种语言中，这一点都有所体现。例如：

Lucy is coming.

（露西来了。）

这句话为普通的陈述句，但是放在具体的语境中，也可以表达一种建议或警告的语用功能。

Can you shut up now?

（你能闭嘴吗？）

这句话为一般疑问句，看似是疑问语气，但是在实际交际过程中，也能表达一种威胁的含义。再例如：

What time is it now?

（现在几点了？）

上述例句为特殊疑问句，在平常的语境中可以表达询问时间之意，但是在特殊语境中也能表达出一种抱怨的语用含义。

英汉两种语言中都有相同句法形式带有不同语用功能的现象，在语言理解和翻译过程中应该进行具体区分。

（3）中西其他语法手段的语用功能对比

除了上述提出的句法手段之外，在语言表述中还可以使用一些其他语法手段，如语态、时态、附加语等来表达不同语用功能。英汉两种语言在这些语法手段上带有各自的差异性。例如，英语具有屈折形态形式，但是汉语中却没有。

①中西否定语用功能对比。在英汉语言中，为了体现对交际者或谈论对象的尊重，经常会使用一些否定形式来表达过于直接的语用含义。例如：

You are fat.

（你很胖。）

You are not thin.

（你不瘦。）

在上面两个例句中，第一句话的表述过于直接，很可能会影响交际者的情绪，从而造成一定的交际矛盾；而第二句通过否定形式，增加了语言表达的含蓄性，对受话者的影响较小，增加了礼貌程度。

②中西附加语的语用功能对比。在日常交际过程中，为了达到一定的交际目的，交际者会选择在句尾增加一定的附加语。例如，汉语中经常使用的“好吗？”“可以吗？”“行吗？”等，英语中经常出现的please，if you don't mind等。

（二）中西语用策略对比

语言使用的目的是交际，因此语言使用的过程中会使用礼貌策略，从而保证交际的顺利进行。

1.言语行为礼貌

言语行为是语用的基本单位，在不同的文化环境中，同一言语行为的语言呈现是存在差别的。下面对几种基本的交际言语行为进行对比分析。

（1）问候

问候（greeting）是当今社会中人们维系和保持人际关系的一种润滑剂或调节剂。文化背景不同，所使用的问候语也是不同的。下面来比较一下中西常用问候语的不同。

①英语常用问候语，如表2-1所示。

表2-1　英语常用问候语示例表

英语常用问候语	用法
How do you do?	陌生人初次见面时用
Hi/Hello!	熟人或朋友见面时用
Good morning!	熟人上午见面时用
Good afternoon!	熟人下午见面时用
Good evening!	熟人晚上见面时用
How are you?	熟人或朋友见面时用

续表

英语常用问候语	用法
How are things going?	熟人或朋友见面时用
How are you doing?	熟人或朋友重逢时用
How is your wife?	熟人或朋友见面时用

②汉语常用问候语，如表2-2所示。

表2-2　汉语常用问候语示例表

汉语常用问候语	用法
您好！	与长辈或上级见面时用
你好！	熟人或朋友或同辈见面时用
（你）早！早上好！	熟人或朋友见面时用
您早！	与长辈或上级见面时用
（你）吃了吗？	熟人或朋友见面时用
（你）去哪里？	熟人或朋友见面时用
（你）干什么去？	熟人或朋友见面时用

通过对中西问候语的表达分析可以看出中西语言的巨大差异。通常来讲，英语的问候语表达较为空泛，而汉语则相对具体。这种差异主要是由于中西方对隐私的接受程度不同造成的。英语国家的人十分看重自己的隐私，因此在交谈中涉及自身的问题都是一种禁忌，而中国人则喜欢谈论自己的事情，认为这是一种交往的需要。

（2）称呼

称呼（addressing）是言语交际过程中的重要组成部分。很多言语交际中的意义都是通过不同的称呼来表达的，甚至称呼在很多情况下都是交际的第一信息。因此，交际中恰当称呼的使用是保证交际顺利的重要因素。中西方在称呼文化上带有自己的使用特点。

①中国人的称呼。由于几千年来的历史传统，在中国形成了一种长幼尊卑的等级关系，这种关系是极其讲究的。例如，孩子不能对父母、长辈、老师等直呼其名，否则就是不懂礼貌。在亲属关系的称谓上，中国人一般对

他人采用"叔叔""阿姨""先生""女士"等尊称。在职场中，中国人往往用抬高对方职务、职称的方法来表示尊重，如在称呼一些副职的人员时把"副"字去掉，由此才能显示出对对方的尊敬。

②西方人的称呼。根据不同的交际场合，在与英美人面对面交流时通常有以下三种称谓方式。

头衔+姓氏。用于较正式的交际场合，头衔包括Mr.（男士），Mrs.（已婚女士），Miss（未婚女士），Ms.（婚姻状况不明的女士）。

直呼其名。用于非正式的交际场合且交际双方的关系比较密切时。例如，一个姓名为Michael Wood的美国人，他的父母、妻子、朋友、同事甚至儿女都可以使用Michael或Mike来称呼他。一般而言，西方年轻人在任何场合都倾向于使用这种称谓方式。

以职务或职称代替。可以用作称谓的表示职务或职称的词在英文当中为数很少，如Professor，Doctor，Nurse，Judge和Captain，Colonel，General，Lieutenant等军衔；还有Waiter，Boy，Conductor，Usher，Porter等职业称谓，此类称谓听上去很不礼貌，往往带有一种对方很卑微的含义。

（3）致谢

致谢语是指当别人对自己有所帮助时，自己为表示感谢而说的话。中西语言中的致谢语在使用上存在着很大的不同。在西方国家，thank you是挂在嘴边的话，几乎在任何场合、任何人际关系中都可以使用表示感谢的话，这是一种礼貌策略。与此不同的是，汉语中"谢谢"的使用频率并没有那么频繁，不是随处可用的。汉文化是一种相对含蓄的文化，致谢的表达在一定程度上也体现出了这一点。

（4）称赞

当需要对他人的品质、能力、仪表等进行褒奖时，英汉两种语言中都经常使用称赞（complimenting）的表达。

英美国家的人面对称赞一般都是选择正面接受。不过并非全是接受，有时也有拒绝的情况出现。这种拒绝的出现主要和英美国家直线型思维方式相关，并非出于委婉。例如：

A：That's a nice outfit.

B：What? Are you kidding?

A：That's a nice watch.

B：It's all scratched up and I'm getting a new one.

中国人与英美人不同，一般不会爽快地以迎合的方式去接受对方的称赞或恭维，而是习惯使用"自贬"的方式来对待他人的赞美。例如：

由于本人学识和研究有限，错误在所难免，恳请各位批评指正。

（As my knowledge and research is still limited，there must have been lots of mistakes in my work. I hope you will correct me and give me guidance.）

2.篇章行为礼貌

篇章行为对面子的威胁不仅取决于对距离和权势等的评估和把握，而且取决于对语篇类型的控制。[①]在相同条件下，不同语篇类型中礼貌的相互关系可以概括为以下三种情况。

（1）说明类：距离最大化，权势较高。

（2）驳论类：距离最小化，权势较高。

（3）立论类：距离较大化，权势最大。

下面来看一则英国某大学一个系的学术报告通知。

Department of...

Announcing a special lecture by our most distinguished guest

Dr....

All are welcome and admission is free. This is one of Dr....'s rare public appearances in UK. In order to secure your place at the lecture' we would ask you to register in advance by filling in the form below and returning it before 24 February. The venue for the lecture...

（资料来源：邵志洪，2010）

根据上述报告内容，可以得知该学术报告通知成了表演业的宣传资料，违反了语篇类型的礼貌规范。

① 邵志洪. 中西对比翻译导论 [M]. 上海：华东理工大学出版社，2010：267.

第三章

全球化视阈下的中西思维对比

中西民族的文化背景不同，导致所形成的语言存在巨大差异。两个民族之间想要顺利展开沟通与交流，就需要学习与掌握对方的文化与语言。中西方民族在长期的发展过程中形成了不同的价值观念、思维观念、时空观念，在这些差异的影响下，中西方民族人民的生活方式或多或少有所不同。

第一节　中西思维方式对比

在中西语言背景下，中西方所处的社会环境有所不同，人们的体验和经历也各有差异，因此看待世界的角度也不同，有着不同的思维模式，而这又进一步影响他们的社会体验和经历，也影响他们的语言发展。以下就对中西思维方式进行比较分析。

一、具体思维与抽象思维

汉语民族侧重具体思维，人们在说明问题和描述事物时习惯用形象和比喻法，具有“尚象”的特征。这种思维对语言的影响是，汉语用词具体，习惯以具体的概念来表达抽象的事物，而且句中常会出现多个动词连用的情况，读起来生动形象。例如：

去年今日此门中，人面桃花相映红。
人面不知何处去，桃花依旧笑春风。

（崔护《题都城南庄》）

上述诗句用词简单，语言简朴，形象具体，用意清晰明了。作者用了“人面”“桃花”等具体意象，表达了对旧日美人的缅怀之情。类似这种的用具体名词或贴近生活的词语来表达抽象内容和情感的方式在汉语中十分常见。

英语侧重抽象思维，常用大量抽象的概念来表达具体的事物，反映事物内在的情况和发展规律，注重逻辑与形式的论证，具有“尚思”的特征。在语言的使用中，就表现为惯于用抽象的名词来表达复杂的理性事物。

二、本体思维与客体思维

在中国文化中，道家和儒家的理论学与哲学思想占据着重要和主导地位，两家思想都提倡以人为主体。再来看席慕蓉在《无怨的青春》中的诗句："在年轻的时候如果你爱上了一个人，请你，请你一定要温柔地对待他。不管你们相爱的时间有多长或多短，若你们能始终温柔地相待，那么，所有的时刻都将是一种无瑕的美丽。若不得不分离，也要好好地说声再见，也要在心里存着感谢，感谢他给了你一段记忆。"

上述文字都是以人为主语，以"你""你们"来泛指所有人，而且行文从人的角度出发，顾及人的感受，字里行间都透露出主体思维。

英语的思维趋向客观的大自然和外部环境，主张通过人类的智慧和能力来征服自然和改造自然，并在这一思想的长期影响下，形成了以客观世界为观察、分析、推理和研究中心的思维方式。这种思维方式通过语言就能发现其身影，如英语中常用物称表达法，即不用人称来叙述，而是通过事物以客观的口气来叙述，并且常使用被动句。例如，英美人在接电话说"是我"时，常用"It's him/he."来表达；在交谈中询问对方近况时，常用"Is everything ok with you?""What is up? "不直接加以询问，而是向对方周围的事情进行询问。再如：

The unpleasant noise must be immediately put an end.

（必须立即终止这种讨厌的噪音。）

上述句子原文并没有用人称作主语，而是把感受到的事物作为主语来叙述。

这些例子都说明英语中常用物作主语，行文的客体性特征多于主体性特征，也反映了英语偏重客体的思维方式。

三、顺向思维与逆向思维

相较于西方人，中国人更倾向于顺向思维，就是按照字面陈述其思想内容。这在语言中的体现十分明显，如"成功者敢于独立思考，敢于运用自己的知识"这句话就是按顺序表达，而且意思可以按照字面意思理解。而这句话用英语表达时则是"Winners are not afraid to do their own thinking and to use their own knowledge."由此可以看出中西方思维方式的差异。

不同民族的人们在观察事物或解决问题时，会采用不同的视角和思维方式。西方人习惯采用逆向思维，通常以反面描述来实现预期效果。这种思维在语言上有着充分的体现，如在说“油漆未干”时，英语表达是“wet paint”，在说“少儿不宜”时，英语表达是“adult only”。

四、曲线思维与直线思维

中国人的思维方式呈现曲线式，在表达思想和观点时常迂回前进，将做出的判断或者推论以总结的形式放在句子最末尾。这种思维方式在语言中的反映是，汉语先细节后结果，由假设到推论、由事实到结论，基本遵循“先旧后新，先轻后重”的原则。例如，同样是“It is dangerous to drive through this area.”这句话，汉语表达则是“驾车经过这一地区，真是太危险了。”从该例既能感受到中国的曲线思维，又能了解中西思维的差异。

西方人的思维呈现直线式，在表达思想时往往是直截了当，一开始就点明主题，然后再叙述具体情节和背景。这种思维方式对语言也产生着重要的影响，即英语为前重心语言，在句子开头说明话语的主要信息，或者将重要信息和新信息放在句子前面，头短尾长。例如，“It is dangerous to drive through this area.”该句子以It is dangerous开始，点明主题，突出了重点。

五、求同思维与求异思维

自古以来，西方人的求异性和中国人的求同性也在中西思维方式层面体现出巨大的差异。正如基辛格博士所说的那样，东方人的思维习惯是“同中求异”，西方人的思维习惯则是“异中求同”。下面将结合这两个特点进行具体分析。

西方的大多数流派和哲学倾向都强调“主客二分”的思想。智者们将自然和宇宙作为客体进行研究，对自然和宇宙的奥秘充满了好奇心。为了更好地探求真理，智者们热衷于辩论，不断求异创新，允许不同观点，并形成了探索未知世界的科学精神。正如拉姆所指出的那样：

Skeptical, resilient, frequently cantankerous, the Greeks celebrated excellence and despised mediocrity. Constantly seeking an understanding of the world and everything in it, they asked not only "Why?" but also "Why not?" And they expected sane and sensible answers.

同时，西方的思维方式还随着不同时代、地域、思潮以及科学发展的不同历程而变化。例如，近代以笛卡儿、培根的哲学思维和牛顿的经典力学为规范的理性分析程序模式就不同于古代直观的整体思维模式；以培根、洛克（John Locke，1632—1704）为代表的经验主义倡导归纳法，贬低亚里士多德的演绎法，而以笛卡儿、莱布尼茨为代表的理性主义又主张演绎法，贬低归纳法。笛卡儿认为"怀疑为我们展现出一条可以使心灵摆脱感觉的捷径"。[①]西方的这些批判性思维方式都是由其理性主义所决定的，这种思想将主体和客体相对立，主体类似于旁观者来认识客体，用批判的眼光来看待已有的知识，并在这种批判的过程中增长知识，这种标新立异、求异忌同的开拓精神使西方科学文化在批判、否定、挑战、怀疑和继承中不断推陈出新，呈现出明显的阶段性，产生了彼此各异的思潮、名目繁多的理论体系以及枝节横生的学派和流派。

正如我国学者钱穆所认为的那样："中国人好言同，西方人好言异。中国乃于同中求异，而仍不失其同。西方人则求异中得同，故所中则仍在异。"[②]由此可见，求同性是我国思维方式的一大特征。这种求同性的思维还具有封闭性、收敛性等特点，这也是基于几千年的历史不断传承并形成的。

在《二程遗书》卷第十八中记载，中国传统哲学以"天人合一"为最高境界，因而"天地人只一道也，才通其一，则余皆通"。这种理念强调从对立中把握统一，从统一中把握对立，以求整体的动态平衡和和谐、统一为最终目标。在中国几千年的封建社会中，一体化政治结构也要求个人、社会的信仰、观念一元化、一体化、同步化，造就了传统文化的"大一统"思想。

---

① 转引自李武林. 西方哲学发展教程 [M]. 济南：山东大学出版社，1987：312.

② 转引自钱穆. 晚学盲言 [M]. 台北：东大图书公司，1987：526.

例如，秦始皇的“焚书坑儒”就是压制异己的很好例证，汉代董仲舒的“罢黜百家，独尊儒术”也为大一统奠定了思想基础。“春秋大一统者，天地之常经，古今之通义也”。董仲舒还认为，一统之事，天经地义。

此外，科举考试制度要求按统一的八股文格式写同类文章，表达同种观念和同类观点。经过儒道互补的两汉经学和儒、道、释三位一体的宋明理学，经过长期的积淀与强化，传统文化以儒家思想为正统，以维护君权专制为核心，以皇帝圣旨为最高权威，形成金字塔式的等级特权制度，强化一元化的政治结构，大兴“文字狱”，把不同思想视为异端，视为“离经叛道”“大逆不道”“欺师背祖”。[①]人们以此为主导，形成规范意识和群体意识以及同一的价值取向、人格标准和行为模式，追求和谐和睦，崇尚群体意识，强调同一性。上至国君，下至百姓，从思想到言行，都力求按照同一思路、同一模式，形成“一刀切”“随大流”的风气和单向性思维。在这种“大一统”的氛围下，思维方式趋于求同排异、求异存同或同中求异，而非西方的标新立异、求同存异或异中求同，因而具有收敛性、封闭性，而非发散性、开放性。

六、意向思维与实证思维

从认识方式的角度而言，西方人的实证性和中国人的意向性也形成了鲜明的对比。西方人的思维注重形体，侧重于事物的结构、要素，注重定量、定形，而中国人注重定性，观察辨物。下面将结合这两大特征加以分析。

西方人注重逻辑证实，其思维的传统就是重视实证，崇尚理性知识，认为只有经过大量实证的分析检验得出的结论才是科学的、客观的。换句话说，人们形成了一种理性思维定式，其思维有很强的理性、实证、思辨色彩，注重逻辑推理和形式分析。

---

① 连淑能. 英汉对比研究 [M]. 北京：高等教育出版社，2010：323.

例如，法国哲学家孔德（Comte）创立了实证主义。[①]他认为，科学唯一的目的是发现自然规律或存在于事实中的恒常关系，只有靠观察和实验才能成功地运用到人类实践的各个领域。

奥地利物理学家马赫和法国哲学家阿芬那留斯创立了第二代实证主义；德国哲学家石里克等创立了第三代实证主义，即逻辑实证主义，直接将实证和逻辑连成有机的一体，使知性思维的逻辑和实证互为表里。实证性成了西方思维方式的一大特征。

西方的实证性思维重视语言的作用，把语言作为思维的工具，认为要把概念与观念具体化，必须借助语言。西方形式逻辑的形成，必须依靠语言分析和语法学：词和词组与概念相对应，单句与判断相对应，复句和句群与推理相对应。西方的拼音语言不是对自然现象的模拟，而是人为规定的信号，信号以理性的规则建立象征符号，以声音组合决定意义，取决于人的主观分析、概括和抽象的能力，因而导致语言的形式化、信号化和逻辑化，比较容易上升到逻辑思维。逻辑论证必须借助概念、判断和推理等思维形式和各种思维方法，在理性推演中认识事物的性质和联系，对思维对象进行间接的、概括的加工，因而呈现抽象性特征。在语言层面，这种思维强调逻辑证实性，具体体现在对“形合”的侧重上。简而言之，西方人注重运用有形的手段使句子达到语法形式上的完整，其表现形式需要逻辑形式的严格支配，概念所指对象明确，句子层次衔接紧密，结构严谨，句法功能呈外显性。

中国的传统哲学讲求实用，但是重了悟而不重实证，用直觉的顿悟的内心体验的思维途径去领悟自然法则，而不用概念或语言去描述，也不常用逻辑推理去论证。并且，传统的思维不注重语言的逻辑分析，而注重语言所指称的本体意义和抽象意义，善于运用形象语言而非抽象语言，用形象的方法来表达抽象的事物。

这种思维方式在语言层面也体现得尤为明显，中国的语言属于意象性语言，文字符号多具有会意、象形和形声的特点，其在进行文字思想交流时也

---

① 周亚平,王力行.孔德的实证主义及“工业社会”的学理省思[J].广西师范大学学报（哲学社会科学版），2023，59（05）：114-122.

通常联系具体事物的形象，注重“格物渐悟”“意出言表”等，注重语言背后的“象”和“意”，用形象的符号隐藏意义，将意象看得比语言还重，具有形象的特征和明显的隐喻。

中国人思维的意向性还表现为类比性。例如，象征、类推、比喻、联想等的运用。类比是指根据两种对象在某些属性上的相似或相同来推论其在其他属性层面的相似或相同。

通过由此及彼、由彼及此，由已知到未知来沟通异类，用具体形象阐释抽象意义，以意启情，使情物交融，易于感悟，以类度类，以一知万，触类旁通，举一反三。例如，阴阳八卦和五行学说都以天、地、人、物类比，发现其间的规律和联系，将人体比作小宇宙，同时认为世界由金、木、水、火、土五种基本物质构成，将万物都纳入“五”的范畴，如食物有五味、身体有五脏、谷物有五谷、声音有五声、天象有五星连珠等。

第二节　中西价值观对比

一、中西价值观念对比

价值观是指人们对周围客观事物的意义、重要性的总评价。人们对客观事物的主次、轻重、好坏的排序，构成了价值观体系。而价值观和文化是双向影响的关系，因此不同的文化促成了不同的价值观。以下就对中西价值观进行比较分析。

（一）金钱观念差异

《茶花女》中有这样一句名言：“金钱是好仆人、坏主人。”是做金钱的主人，还是做金钱的奴隶，这实际上反映了两种不同的金钱观。所谓金钱观，就是指对金钱的看法和态度。简单来说，就是认为金钱是重要的还是次要的。金钱是适应商品交换的需要而产生的，随着商品经济的高度发展而逐渐成为财富的象征。对于任何民族，日常生活都离不开金钱的流通，而对金钱的不同态度则反映了不同的价值取向。了解中西方不同的金钱观，对于了解中西方文化差异有着很大的帮助。

在中国传统文化中，人们固然认为金钱十分重要，但并没有将金钱的获得作为成功的标志或者生命的必需，而将其作为“身外之物”。中国有句俗话说金钱“生不带来死不带走”，实际上就是对金钱观的反映。在中国文化中，金钱和地位并不等同，所以中国人对金钱的态度要豁达很多。究其根源，主要是因为中国千百年来受儒家思想的影响，向来重农抑商、以农为本、以商为末，有“为富不仁”“无商不奸”“见利忘义”的看法。读书人认为谈钱有辱斯文和清高，并且以不言“阿堵物”为高尚。“金钱如粪土，朋友值千金”，视钱财如粪土、重义轻利被认为是检验正人君子的标准，成为中华民族的传统美德。商人总是被人讽刺和轻视，被认为重利轻情，因此整个社会都充斥着“万般皆下品，唯有读书高”的心态。这种金钱观在语言上也有着鲜明的体现，如“君子爱财，取之有道”“钱字有两戈，伤尽古今人”等。近些年来，随着社会经济的发展，人们对金钱的认识和态度发生了很大变化，追求财富成为人们生活的重要部分，挣大钱成为人们的重要愿望。与此同时，也出现了不少的现实社会问题，金钱成了衡量人能力的一个标准，在与金钱的博弈过程中，亲情、友情和爱情都败下阵来。这种拜金现象在语言中也有所体现，如“有钱能使鬼推磨”“人为财死，鸟为食亡”“一文钱难倒英雄汉”等。

西方文化历来崇尚物质，西方人一贯都是热情和大胆地追求物质利益，他们认为物质成就的获得代表着个人的成功，自我的实现首先是物质成就的实现，然后是其他层面的进步和满足。但是西班牙人有着不同的金钱观，西班牙人认为人的生命是宝贵的，不要为钱去拼命，而应该尽情地享受人生，因此多数人对金钱的态度是，金钱可以使人有权有势，但不一定使人幸福。

（二）交际观念差异

观念是人们经过学习在头脑中形成的对事物、现象的主观印象。观念是通过对感官材料进行选择、组织并加以诠释的方式来认识世界的过程。这个过程包括识别（identification）、阐释（interpretation）和评估（evaluation）三个阶段。

人们的已有经验对识别的结果会产生影响，而文化对阐释与评估会产生影响。例如，来自不同国家或者民族的人对个人信用的解释是不同的。对美国人来说，个人信用的主要指标是独立与能力，坦诚与直率、强势与自信、理性与果敢等会赢得尊重；而对中国人和日本人来说，个人信用的主要指标是社会地位，沉稳与含蓄、顺从与谦卑、仁爱与机敏等更易赢得尊重。

思想观念往往是由社会教育（包括家庭教育和学校教育）逐步形成的人生观和价值观，属于意识形态的范畴。观念的产生与人们所生活的社会环境关系密切。人们的观念主要受到家庭环境和社会环境的影响，因此主要包括家庭观念（包括婚恋观念、亲情关系、家族观念等）和社会观念（包括时间观念、自我认同观念等）。

1.宗教观念

世界上现存的主要有三大宗教，即基督教、伊斯兰教和佛教。基督教（包括天主教、东正教和新教）主要集中分布在欧洲、美洲和大洋洲的一些国家，其信徒被称为基督徒。基督教以“平等、博爱”为教义。伊斯兰教主要集中在东南亚、中亚、中东、非洲地区。信奉伊斯兰教的人被称为穆斯林（Muslim）。伊斯兰教以“顺从、和平”为教义。佛教主要集中在东亚地区，信仰佛教的人被称为佛教徒。佛教以“善、缘”为教义。宗教观念影响人们的行为。

2.家庭亲情观念

不同国家和民族的亲情观念不同。

受儒家思想影响的传统中国家庭，以血缘为纽带、以伦理为本位是家庭关系的突出特点。在中国封建社会里，由“父为子纲”确立的长幼秩序，由“夫为妻纲”确立的夫妇关系，由“三从四德”所确立的男女地位等，对建立、调节与维护中国传统家庭关系起到了重要作用。其中，“孝道”是家庭伦理道德的本质与核心，是确立家庭伦理关系的基石。“夫孝，德之本也，教之所由生也。”“身体发肤，受之父母，不敢毁伤，孝之始也。立身行道，

扬名于后世，以显父母，孝之终也。”（《孝经》）

在中国传统宗族制的影响下，中国人形成了很强的家族观念。在中国，家族观念构成了复杂的亲属关系网。亲属有宗亲与姻亲之分，其中宗亲有嫡亲、堂亲与族亲之分，姻亲有姑亲、舅亲与姨亲之别。

受基督教影响的西方家庭，以“自我”为本位是家庭关系的突出特点。“奉上帝、疏亲友”的理念使得西方人家庭观念淡薄，血缘亲情让位于对上帝的崇敬。就亲属称谓来说，在中国文化中，亲属称谓是以父系血亲称谓为主干、以母系和妻系的姻亲称谓为补充的严谨而复杂的称谓系统，突出“长幼有序，内外有分”的特色。而在西方语言中，没有姻亲与血亲的区分，使用以姓名称谓为主干、以血亲称谓为补充的简单而直接的亲属称谓体系。例如，在*The Family Album USA*（《走遍美国》）中，儿媳Marilyn直接以名字来称呼她的公公Philip和婆婆Ellen。

不同国家和不同民族对于亲情的表现方式也不同。从对孩子跌倒的态度上可以看出不同之处。比如，在北欧的一些国家里，如丹麦，父母会安慰跌倒的小孩；在瑞典，小孩跌倒了，父母马上研究如何预防此类事件的再次发生；在挪威，父母鼓励跌倒的小孩自己站起来，不要哭；在芬兰，父母对跌倒的小孩不闻不问，让他主动爬起来。

3.社会观念的差异

社会观念是在一定的社会群体范围内长期形成并需要其群体成员共同遵循的观念。这种观念往往被作为群体范围内人们交际的言语和行为的评判标准，从而影响到群体内的每一名成员。这些观念主要包括时间观念、自我认同观念等。

自我认同观念是由自我身份认同、自我价值取向和自我价值的实现三大要素构成的对自我的理解、态度和塑造的观念体系。东西方人的自我认同观念存在很大差异。

（1）中国人的自我认同观念

中国的传统文化长期受儒家修身、齐家、治国、平天下道德价值观的影响，形成了“万般皆下品，唯有读书高”的社会价值取向。受先秦时代“满招损，谦受益”的哲学思想的影响，汉民族具有含蓄深沉、崇尚谦虚的传统观念。

①中国人受传统思想的影响而形成了“卑己尊人”的礼让观念。“夫礼者，自卑而尊人。”（《礼记》）

首先是“厚礼”。“非礼勿言。”（《论语》）“礼者，贵贱有等，长幼有差，贫富轻重皆有称者也。”（《荀子·富国》）

其次是“重德”。儒家的仁学思想将个体人格的自我修养作为行仁义的先决条件，即“内圣”。佛教和道教崇尚“虚静”“修身养性”“谦虚自律”等。

最后是“谦恭”。“谦谦君子，卑以自牧也。”（《周易·象》）“满招损，谦受益。”（《尚书·大禹谟》）

中国人受这些传统礼教的影响，常常通过“贬低自己、抬高别人”的办法来让对方肯定自我、赢得尊重，被西方学者称为无我文化。

②中国人受传统思想的影响而形成了“他人取向的自我是义务本位”的观念。

在中国传统文化中，个人是群体的分子，是所属社会关系的派生物。群体利益优先于个人利益，个人利益依附于群体利益并通过群体利益来体现。自我的主体性、独立性、人格、地位常常被忽略或者剥夺，用义务和责任的形式来体现。因此，中国人在处世方面首先考虑的是别人的感受和反应，注重顾全面子的“礼多人不怪”“君子和而不同”的交际原则，通常以牺牲自身利益或者委屈自己为代价来迎合他人的心态和方式进行交际。

在人际交往中，中国人信奉“人情一线牵，日后好见面”，“礼尚往来”，“多个朋友多条路，大树底下好乘凉”的教条，努力将自我融入某个强势群体中，以免被“边缘化”。林语堂说人情、面子、命运是支配中国人生活的三大女神。

（2）西方人的自我认同观念

以商业活动为经济基础的西方文化受功利主义伦理观影响，认为思想观念和现实世界之间存在着直接联系，形成了“个性张扬、求利至上”的社会价值取向。

①在西方社会里，受平等理念的影响形成了“自我中心、自我展示、自我实现”的观念。因而，在西方人的自我观念中，谦虚是一种病态，自卑是没有自信的表现，尊重源于自信与平等。在英语中，只有一个单词永远是大写的，那就是I。

②在西方文化中，人们受“独立、人权”思想的影响形成了“自我中心的权利本位”观念。这一观念体现为自我取向，即以自我为中心的交际心态和准则。

在人际交往中体现为办事不讲情面、崇尚公平竞争、吃饭AA制，社交称谓以平等的姓名称谓为主等。例如，在美国的社会交往中，除教授、医生等少数职业外，不论职业、阶层、贵贱，一般都采用平等的姓名称谓。

二、中西时空观念对比

各个文化就像拥有自己的语言一样，拥有自己的“时间语言”和“空间语言”，因历史文化、风俗习惯、思维方式的不同，中西民族的时间观念和空间观念有着显著的不同。

（一）中西时间观念差异

不同文化群体的时间观念存在差异。

霍尔根据人们利用时间的不同方式，提出一元时间制（mono-chronic time system，亦译为“单向时间制”）和多元时间制（poly-chronic time system，亦译为“多向时间制”）两大系统。[①]

一元时间制的特征：长计划，短安排，一次只做一件事，已定日程不轻易改变。一元时间制是工业化的必然产物，一般分布在工业化程度较高的地区。富有效率，但有时显得过于呆板，缺少灵活性。

多元时间制的特征：没有严格的计划性，一次可做多件事，讲究水到渠成。多元时间制是传统农业社会的产物，一般分布在工业化程度较低的地区，虽有人情味，容易对人、对事进行变通（如走后门），但也给人们带来不少烦恼。

---

① Edward T Hall.The Hidden Dimension[M].Garden City, N.Y. : Anchor Books: Doubleday,1966：12.

多向时间制的中国人支配时间比较随意，灵活性强，重点关注过去，因此中国人往往具有由远而近、由大而小、由先而后的聚拢型归纳式思维方式。在西方世界中人们的时间观念很强，其时间的概念是直线式的，即将过去、现在和将来分得很清楚，且重点关注的是将来，因此西方人往往具有由近而远、由小而大、由后而先的发散型演绎式思维方式。例如，中国人记录时间的顺序是“年、月、日”，而西方人记录时间的顺序是“日、月、年”或者是“月、日、年”。

德国人都会科学而合理地安排时间，以提高效率。比如，德国人开会，事先都会安排好具体时间及开会议程，一般主持人在会议开始时就告知大家会议所需要的时间，并且在计划和规定的时间内完成相关事项，绝不拖延。

（二）中西空间观念差异

空间观念是指人们在历史发展过程中所形成的、与交际距离以及空间距离有关的一种约定俗成的规则，还包括人们在交往过程中所具有的领地意识。由于历史文化背景的不同，中西民族的空间观念有着显著的差异，具体体现在以下两个方面。

1.区域概念比较

美国文化人类学家霍尔教授提出了四个区域概念，即亲密区域、个人区域、社交区域和公共区域。①下面对中西方的区域概念进行比较分析。

（1）亲密区域

中西方的亲密区域明显存在差异。以握手为例进行分析。西方人在与他人握手时一般距离会比较远，甚至到了难以让中国人接受的地步。中国人在与西方人握手的时候，往往会走近一些，但是这会让西方人认为侵入了他们的“亲密区域”。因为在西方人看来，这种亲密区域仅仅允许自己至亲的人进入，如父母、配偶、子女等。在他们的亲密区域中，他们可以交谈，可以

① Hall, Edward T. Beyond Culture[M].NewYork: Doubleday Publishing，1997：16.

进行肢体接触。然而，除了这些至亲的人，其他人都会选择后退，甚至后退到自己可以接受的距离。对于这样的举动，中国人大多认为这是不友好的表现，甚至是冷落人的表现。这就体现了中西方在亲密区域认同上的差异。

（2）个人区城

每个人周围都存在一个无形的空间范畴，并且这一范畴是自身与他人保持距离的范畴和区域。在某些特定的场合，当有些人将自己的这一空间范畴突破，会让人感觉到厌烦和恼怒。尤其这一点在西方国家表现得尤为明显。也就是说，个人的空间范围会因为民族的不同、习俗的差异而产生差异。

空间范围圈的大小很难形成一成不变的概念，其会受到不同文化的影响和制约。即便处于同一国家，这一空间范围也会因为场合的不同而不同。

例如，当一个日本人与一个美国人进行交谈时，两个人往往会绕着屋子走。为什么会出现这种情况呢？这是因为美国人为了保持一定的距离会不断向后撤退，日本人则因为自身的观念而不断向对方靠近，显然他们都是为了保持自己观念下的舒适的距离。

在交际过程中，中国人在个人区域上会把握一臂的距离。与中国人、英美人相比，日本人、阿拉伯人、非洲人等的这种距离要小很多，而德国人、瑞典人等的距离会更大。

（3）社交区域

在西方国家，偶然相识的朋友或者不熟悉的人，人们的身体不互相接触，并且会保持较大的距离。在这些人之间，基本不会涉及隐私问题，所交谈的话题也不会涉及具体人，当其他人介入时也不会被认为是侵扰。

在类似的活动中，中国人的体距一般都不到西方人体距的一半。他们可以只间隔一张桌子的距离。在跨文化交往过程中，人们也不期望与他人保持过近的距离，也往往希望距离大一些。但是，这并不能消除区域概念差异上交错重叠的干扰。这些干扰有时候会给人造成困难。中国人认为不那么神秘的事情往往会被西方人认为很神秘，中国人也会认为西方人与他们的体距过大，使人感觉到不友善。

（4）公共区城

在较大的公共场所，人们相互之间所保持的公共区域间距更大。中国人需要注意的是，在英语环境中，即使多达3米的距离也不一定使西方人失去自我感。在跨文化交际中，人们常会采用不同的妥协方法做出微小的调整，以免产生误会，保证交际的有效进行。

2.领地概念

（1）个人物品领地

在中国人眼中，衣服属于身外之物，与自身的关系并不十分密切，人们不仅会评价他人的衣物，还会对他人的衣物进行触碰，并且询问价格以及购买的地址等。

中国人的这种观念恰好触碰到了西方人的禁忌。在西方人眼里，服饰属于个人的所有物，可以用于送人，但是不能与他人共有，人们将自身的服饰看作自己的一部分，因此服饰成为个人领地的一部分。

相比较来说，西方人对于个人物品的处置权也是非常看重的，他们认为他人是不得触碰自己的个人物品的。当然，他们会赞赏或者评价他人的个人物品，但是不会去触碰。有时候，如果西方人忍不住触碰到他人的个人物品时，一定要保持严谨的态度，且这种触碰仅仅出现在比较亲密的人之间。

（2）家庭领地

在中国，人们的家庭领地概念并不十分强烈，范围也不是非常固定的，只在一些局部或者某一物件上体现出来。例如，男子的工具箱、钓鱼工具等，女子的厨房用具等。总之，中国的家庭领地界限并不十分鲜明。

相比之下，西方的女子将厨房等视作自己的个人领地，男子将书房、地下室等视作自己的领地。这些领地是他人不可以侵犯的。此外，家庭领地还包括夫妻卧室、个人喜欢的家具等。

（3）办公室领地

中国人对待事物领属范围的表现，给西方人的印象是漫不经心，易侵犯他人和缺乏礼貌。西方人给中国人的印象则是无感情、冷漠疏远。

在西方国家的办公室内，办公桌上的个人物品、办公椅等，未经允许，绝不允许他人随意翻动和使用。在相同的情况下，中国人虽然也会很不愉快，但不会像西方人那样表现得那么强烈。

（4）教室领地

从学校教室中座位的排放可以看出中西方领地观念的区别。在中国，中小学校习惯于排座位，当座位排好后，一般不会改变，因此客观上来讲座位领域就成了学生相对固定的个人领域。学生一般都会维护自己的这一领地。

但在西方国家，学生对座位的占用权一般也只有一节课的时间，很少长时间不变。这是因为西方国家的学校不排座位，在每次上课时，学生可以自由入座，没有固定的领地。不过有些学生也会去坐自己常坐的位置，一旦该位置被别人占用，也会感到不愉快，但几乎不会去争抢这块临时领地。

第四章

全球化视阈下的中西特殊词汇对比

语言作为一种文化符号系统存在着，其承载着非常丰富的文化内涵。词汇是语言的四大构成要素之一，掌握扎实、系统的词汇知识对语言习得起着奠基作用。同时，词汇还是语言交际中使用的最基本语言单位，语言交流中会牵涉各个层面的具有文化内涵的词汇，因而对这些词汇进行对比分析对不同文化下人们的沟通和相互了解非常必要。本章就从中西习语、典故、人名、地名、动物词、植物词、颜色词以及数字词这几大方面进行对比和研究，以期对文化碰撞中人们的交流有所帮助。

第一节　中西习语、典故对比

习语与典故具有极深的文化内涵，不仅内容包罗万象，其使用也极其广泛，可以说是语言文化的瑰宝。无论是英语还是汉语都有数量可观的习语与典故，因此要想全面、充分地掌握英语，不仅要学习和了解英语中的习语与典故，还要将中西两种语言中的习语与典故进行对比。

一、中西习语对比

（一）中西习语分类对比

1.英语习语的分类

英语习语通常按照中心词的词类进行划分。英语习语包括名词性习语、动词性习语、形容词性习语和副词性习语，下面我们就分别进行介绍。

（1）名词性习语

名词性习语以名词为中心，与其他词语搭配使用，这类成语由以下几种结构组成。

①名词+名词。例如：

a moot point 尚未定论的问题

sheet anchor 最后的或主要的靠山

②名词+介词+名词。例如：

an apple of discord 争端，祸根

a bed of thorns 不愉快的境遇

③名词+and+名词。例如：

flesh and blood 亲骨肉，亲属

part and parcel 重要或必要的部分

④名词/专有名词+'s+名词。例如：

a mare's nest 骗人的东西，混乱

Hobson's choice 无选择余地

⑤形容词+名词。例如：

blue chip 热门的股票

cold shoulder 冷淡

（2）动词性习语

动词性习语以动词为中心，并与其他词语搭配使用，通常在句中充当谓语。动词性习语在英语中占有很大的比例，一般由以下几种结构构成。

①动词+介词。例如：

find for 作出有利于……的裁决

get at 理解，贿赂，着手处理

②动词+副词。例如：

black out 封锁；中断，停止

make out 理解，辨认出，说明，填写，设法应对

③动词+副词+介词。例如：

cash in on 靠……赚钱，乘机利用

fall back on 求助于，求其次，退到

④动词+名词。例如：

face the music 勇于承担后果，勇敢地面对困难

dodge the column 逃避承担自己一份的工作

⑤动词+介词短语。例如：

jump down one's throat 突然粗暴地回答或打断某人；使某人哑口无言

breathe down one's neck 催逼某人干事；严密监视某人的行动

⑥动词+名词+介词短语。例如：

burn the candle at both ends 过分地耗费精力

have a（good）head on one's shoulders 有见识或能力

⑦动词+名词+介词。例如：

get wind of 风闻，听到……的风声

make a clean breast of 和盘托出

⑧动词+形容词。例如：

sit pretty 处于极为有利的条件，过舒服的生活，成功

sing low 不固执己见发表见解，措辞稳健

（3）形容词性习语

①形容词+and+形容词。例如：

high and dry 孤立无援的（也可作状语）

fair and square 正大光明的（也可作状语）

②形容词/副词+介词短语。例如：

up in the air 十分激动，气愤，悬而未决（也可作状语）

up to the hammer 第一流的，极好的

③as+形容词+as+名词。例如：

as cool as a cucumber 泰然自若地，极为冷静地

as meek as a lamb 非常温顺的

④介词+名词。例如：

beyond the pale 失宠的，丢脸的（也可作状语）

behind the eight ball 处于不利地位，处于困境中

（4）副词性习语

①介词+名词。例如：

behind the scerles 在幕后

by the way 顺便说

②名词+and+名词。例如：

bag and baggage 完全地，彻底地

hammer and tongs 全力以赴地

③介词+名词+and+名词。例如：

between the devil and the deep blue sea 进退维谷

through thick and thin 不顾艰难险阻，在任何情况下

2.汉语习语的分类

汉语习语可依据以下两个标准来进行分类。

（1）按音节数目分类

根据音节数目的多少，汉语习语可分为四音节习语和非四音节习语。四音节习语如“卓尔不群”“助人为乐”“冰清玉洁”“卧薪尝胆”“鹤发童颜”“大同小异”等。

非四音节习语又可细分为如下几种。

三字习语：开场白、忘年交

五字习语：温良恭俭让、功到自然成

六字习语：百思不得其解、反其道而行之

七字习语：放之四海而皆准、清官难断家务事

八字习语：知其不可为而为之

九字习语：没有规矩不能成方圆

十字习语：知其然而不知其所以然

三言对句：同甘苦，共患难；求大同，存小异

四言对句：四体不勤，五谷不分；生于忧患，死于安乐

五言对句：一朝被蛇咬，十年怕井绳

六言对句：七八个星天外，两三点雨山前

（2）按结构搭配关系分类

根据习语内部结构搭配关系的不同，习语可分为平行与修饰两大类。其中，平行关系包括并列、承接、目的、因果等，修饰关系包括主谓、动宾、偏正、述补等。例如：

并列：承上启下、大呼小叫

承接：水到渠成、瓜熟蒂落

目的：扬长避短、声东击西

因果：水滴石穿、有恃无恐

主谓：任重道远、苦尽甘来

动宾：移风易俗、厚古薄今

偏正：言外之意、难言之隐

述补：应运而生、拒之门外

（二）中西习语渊源对比

习语的内容非常广泛，大到国家的地理环境、历史事件、政治制度，小到人们的生活方式、风俗习惯、节日礼仪，无不涉及。了解中西习语的渊源不仅可以扩大人们的知识面，还可以增强人们跨文化交际的意识。

1.英语习语的渊源

（1）文学作品

在英语中，有很多习语出自文学名著中历史典故和名人名言。例如：

to put new wine into old bottles 旧瓶装新酒；格格不入

该习语出自《新约·马太福音》第九章："Neither do men put new wine into old bottles，else the bottles break，and the wine run out，and bottles perish，but they put new wine into new bottles，and both are preserved."（也没有人把新酒装在旧皮袋里。若是这样，皮袋就裂开，酒漏出来，连皮袋也坏了。唯有把新酒装在新皮袋里，两样就保全了。）

Friday 词义为忠仆，得力助手。该词源自小说《鲁滨孙漂流记》。Friday原本是个被其他部落俘虏的野人，后来被鲁滨孙救出，又因为被救出的时间是星期五，因此就取名为Friday。从此，Friday就成了鲁滨孙忠实的仆人。

（2）历史事件

随着历史的不断发展，每个民族都发生过许多著名的历史事件，后人在传颂这些历史事件时，用简洁的语言表达出来，经久沿用就成了习语。例如，英语中的习语the fifth column（第五纵队）源自西班牙内战。1936年，西班牙独裁者佛朗哥（Franclsco Franco）的部下莫拉（Emilio Mola）率领4个纵队进攻首都马德里（Madrid），进攻前他发表讲话说："我率领的4个纵队已包围了马德里，第五纵队则部署在城内。"这里的"第五纵队（the Fifth Column）"指的是"城内作内应的人"，现在泛指"敌人派入的间谍"或"通敌的内奸"。又如，习语burn one's boats原指古罗马尤利乌斯·恺撒率大军乘船渡过鲁比孔河，此后便把渡船全部烧毁，以此向士兵表示已无退路，只能拼死应战。现用来比喻"不留后路，下定决心干到底"，与汉语中的成语"破釜沉舟"类似。类似的习语还有：

meet one's Waterloo 惨遭失败；吃败仗

thumbs up/down 表示赞许/否定

blood and iron 铁血政策；军事强迫

throw down the gauntlet/glove 挑战

go through fire and water 赴汤蹈火

2.汉语习语的渊源

（1）历史事件

中国光辉灿烂的历史为人们留下了丰厚的精神财富，也为人们带来很多成语、谚语、俗语以及歇后语。人们常利用这些习语来揭示某种道理或警示历史教训。例如：

刘备摔阿斗——收买人心

诸葛亮哭周瑜——假戏真做

孟获归顺诸葛亮——心服口服

刘邦乌江追项羽——赶尽杀绝

（2）辩证思想

老子的《道德经》是道家思想的集中体现，对中国文化影响较大。中国人的思维自古就洋溢着朴素的辩证思想，于是中国的很多习语也闪烁着对立统一思想的光芒。例如：

有一利必有一弊

满招损，谦受益

月圆则缺，水满则溢

乐极生悲，否极泰来

（3）伦理道德

中国深受儒家思想影响，许多习语都与基本的伦理道德有关。例如：

人贵有自知之明。

女子无才便是德。

少壮不努力，老大徒伤悲。

儿不嫌母丑，狗不嫌家贫。

（4）生活方式

中国人讲究天人合一，主张按照天地规律来安排日常生活与重大事情，尤其注意在适当的时间做适当的事情。很多习语都是这种生活方式的真实写照。例如：

二十三，糖瓜儿粘；二十四，扫房子；二十五，糊窗户；二十六，炖炖肉；二十七，宰公鸡；二十八，把面儿发；二十九，蒸馒头；三十儿晚上熬一宿；大年初一扭一扭。

一九二九不出手，三九四九冰上走，五九六九河边看柳，七九河开，八九燕来，九九加一九，耕牛遍地走。

黎明即起，洒扫庭除，要内外整洁。既昏便息，关锁门户，必亲自检点。

二、中西典故对比

（一）中西典故结构形式对比

1.英语典故的结构

英语典故往往具有灵活、自由的结构特点，字数的伸缩范围极大，具体来说有以下三种。

（1）由一个词构成。例如：

Eden 伊甸园

scapegoat 替罪羊

Shylock 夏洛克

（2）由若干词构成。例如：

Adam’s apple 男人的喉结

the last supper 最后的晚餐

bone of the bone and flesh of the flesh 骨中骨，肉中肉

（3）由句子构成。例如：

Some men are born great, some achieve greatness, and some have greatness thrust upon them.

（有的人是生来的富贵，有的人是挣来的富贵，有的人是送上来的富贵。）

2.汉语典故的结构

相比较而言，汉语典故往往具有用词简练、结构紧凑的特点，主要包括以下两种。

（1）四字结构，如“掩耳盗铃”“守株待兔”“画蛇添足”“百步穿杨”等。

（2）对偶性短句，如“鹬蚌相争，渔翁得利”“皮之不存，毛将焉附”“庆父不死，鲁难未已”等。

可见，汉语典故中很少有字数较多或单独成句的情况。此外，汉语中有相当大一部分典故是名词性词组，它们在句子中可以作一定的句子成分。

（二）中西典故渊源对比

英语与汉语都从神话传说、历史故事、寓言故事、信仰、文学作品以及风俗习惯中汲取营养，创造了很多脍炙人口的典故。此外，还有一部分英语典故来自影视作品、体育运动或社会生活。

1.英语典故的渊源

（1）历史故事

历史是典故的一个重要来源和渠道，历史也在影响着典故的产生。

①关于西班牙的典故。英国与西班牙曾在伊丽莎白一世执政时期（1558—1603），为了争夺海上霸权，发生了战争。英国人对西班牙人的讨厌也可以从其语言中找到痕迹。例如：

Spanish gout 性病

Spanish coin 虚假的奉承话或恭维话

walk Spanish 鬼头鬼脑或提心吊胆地走

Spanish athlete 胡说八道的人；吹牛的人

②关于法国的典故。英国与法国在历史上有着深刻矛盾和尖锐冲突，因此英语中出现了很多贬低法国人的词语，甚至一些难以启齿的禁忌语。例如：

excuse my French 请恕我失礼

French crown 梅毒；性病

Frenchified 受性病传染的

French measles 风疹

（2）寓言故事

寓言是“用假托的故事或自然物的拟人手法来说明某个道理或教训的文学作品，常带有讽刺或劝诫的性质”。英语中的很多典故都出自寓言故事。例如，kill the goose that lays the golden eggs就脱胎自《伊索寓言》。故事大意是：一个人养了一只鹅。一天，这只鹅下了一个金蛋，而且从此以后每天都下一个金蛋。他把金蛋拿到市场上卖，赚了很多钱，但他并不满足，想得到更多的钱。他以为鹅的肚子里有一大块金子，于是他便把鹅杀了。没想到，鹅肚子里并没有金子。就这样，他不但没有得到更多的金子，连鹅也没有了。于是，这个典故用来表示为了满足眼前的需要而牺牲将来的利益。

（3）文学作品

英语中有很多典故源自文学作品，如bell the cat。bell the cat是成语to hang the bell about the cat's neck的简化，原意是“给猫的脖子上挂铃铛”，来自《伊索寓言》中的《老鼠会议》（*The Mice in council*）。一群老鼠开会讨论如何对付凶狠的猫。一只老鼠提出在猫的脖子上挂一个铃铛，这样，猫一走动铃就响，老鼠们听见铃响就可以有时间逃跑了。老鼠们一致同意这个建议，但是谁去给猫挂铃铛呢？没有一只老鼠敢去，一个个都溜掉了。老鼠会议毫无结果，它们不安全的境况当然也无法改善。寓意遇到困难的问题，既需要有出谋划策的人，更需要有挺身而出的实干家。

2.汉语典故的渊源

（1）历史故事

汉语中，出自历史故事的典故也十分常见。例如，据《晋书·苻坚载记》

记载，前秦苻坚攻打东晋时进入淝水流域。他在寿春城瞭望时看到晋军阵容严整，心中十分惊慌，以至于他把八公山上的草木都当成了晋军。于是，“草木皆兵”喻指惊慌之时的疑神疑鬼。再如，战国末期，燕国的太子丹派荆轲去刺杀秦王，并将秦国叛将樊于期的人头和督元地图这两样东西当作见面礼。荆轲将泡过毒液、准备行刺秦王的匕首藏于地图内。见到秦王后，随着地图的慢慢展开，匕首显了出来，荆轲拿起匕首向秦王刺去。虽然刺杀没有成功，但图穷匕首见的故事却流传了下来。从此以后，“图穷匕见”被用来喻指事情发展到最后时的真相大白。

（2）神话传说

中华民族历史悠久，有很多绚丽多姿的神话传说，从中也产生了许多典故。例如，道教传说中有何仙姑、蓝采和、汉钟离、张果老、铁拐李、吕洞宾、曹国舅、韩湘子八位神仙，他们过海时不用船，而是各有各的方法。于是，“八仙过海”就用来喻指各显其能。再如，夸父是《山海经·海外北经》中的一个人物，他为了追赶太阳口渴难耐，将黄河、渭河的水喝完后仍无法解渴，就去别处找水喝，结果在半路上渴死了。于是，“夸父逐日”就用来喻指决心虽大却自不量力。

（3）寓言故事

汉语中来自寓言故事的典故也为数不少。例如，据《韩非子·五蠹》记载，战国时宋国有一个农民在田间休息时看到一只兔子跑得太快，结果撞到树桩上死了，他便把那只兔子带回家当午饭。从此以后，他便放下手中的农具到田里等待，希望能再遇到撞死的兔子。他再也没能等到兔子，自己的庄稼也荒芜了。后来，“守株待兔”用来喻指不劳而获的侥幸心理。再如，据《吕氏春秋·察今》记载，楚国一个人乘船过江时，腰间的宝剑不小心滑落江中。他在船舷上宝剑落水的地方刻了一个记号，等船靠岸后他便从刻记号的地方下水寻找，结果自然是无功而返。“刻舟求剑”用来喻指思想僵化，不会根据情况的变化进行调整。汉语中来自寓言的典故还有“叶公好龙”“掩耳盗铃”“削足适履”“狐假虎威”“含沙射影”等，这些典故至今仍带给人们艺术审美的愉悦和享受。

（4）文学作品

汉语中也有很多典故是出自文学作品中的事件或人物，如“像刘姥姥进了大观园”出自《红楼梦》，“猪八戒倒打一耙”出自《西游记》，“三顾茅庐”“锦囊妙计”“过五关斩六将”等出自《三国演义》。

（5）风俗习惯

汉语中，许多典故都与中国的社会礼仪、民间习俗、生活习惯有关。例如，“下马威”这一典故与中国的官场惯例有关。在中国的封建社会，新官上任后为了显示自己的威风，常常会处罚一批官吏，以收到敲山震虎的效果。于是，“下马威”用来喻指向对方示威。其他的典故还有“封妻荫子”“三茶六礼”“师道尊严”“采兰赠芍”“日出而作，日落而息”“民以食为天”等。

第二节　中西人名、地名对比

人名与地名不仅是一种特殊的语言现象，还是一个民族的重要文化符号。由于深受本民族的社会制度、风俗习惯、信仰等因素的影响，人名与地名往往具有丰富的文化内涵。

一、中西人名对比

（一）中西姓氏的文化差异

1.社会作用差异

从社会作用角度而言，汉语姓氏比英语姓氏承载了更多的内容，具体体现在以下两个方面。

（1）承载宗族观念。同一姓氏的家族或宗族常常互相帮衬、扶持，从而使他们形成了强烈的归属感。可见，中国的姓氏是家族或宗族的标志，它既可以巩固血缘与亲属关系，又可用来区别不同族群。

（2）别婚姻。在长期的社会发展过程中，不同姓氏的宗族集团通过联姻不仅可以增强各自的势力，还可以通过相互支持而获得更好的发展。此外，与外姓联姻也有利于下一代的身体健康。因此，中国人形成了“同姓不婚”的习俗，姓氏就具有了别婚姻的重要功能。

相比较而言，英语姓氏没有上述这些作用。

2.概括性与表述性的差异

汉语姓氏常用来描述族群特征，因此具有概括性。英语姓氏多用于描述个体特征，因此具有描述性。

例如，中西方都有来自动物的姓氏，但其体现出的文化内涵却大相径庭。具体来说，汉语中的动物姓氏大都出自部落的原始图腾，体现的是族群的整体意识。与此相反，英语中的动物姓氏主要反映个人特征，如wolf用来表示凶残，bull用来表示力气大。

3.避丑求美性与随意性的差异

中西方姓氏还反映出中西两个民族不同的审美心理。具体来说，中国姓氏通常具有避恶求善、避丑求美的倾向。中国人的姓氏中较少使用带有负面含义的字眼。此外，中国姓氏中一些来自动物的姓氏，最初也并非直接使用其动物的含义。例如，“马”最初是一个地名，而“牛”则源于祖父的字。

与此不同，西方人在取姓时常常具有较大的随意性，一些在中国人看来不够吉利、不够悦耳或不够文雅的词语，在西方都可以被当作姓氏来使用，如poison（毒药），tomb（坟墓）等。

（二）中西名字的文化差异

1.规定性与描写性的差异

在中国人的观念中，名字对人的命运具有非常重要的意义，因此民间有“不怕生坏相，就怕取坏名”的说法，中国人在取名时也往往对金木水火土的五行配合、天格人格地格的三元配置、阴阳配合、生辰八字等因素进行综合考虑。此外，名字还要体现父母及家族对孩子的期望与告诫，这就使名字具有较强的规定性特征。

英语中有这样一句习语：“Names and natures do often agree.”可见，英语中的名字主要用来反映人在外貌体态以及性格等方面的特征。例如，Eva（伊娃）通常表示优雅美丽、坦率直接且很有主见的女人，Anita（阿妮塔）通常表示伶俐、讨人喜欢且充满乐趣的女人。换句话说，人的本性常常通过其名字来体现，这就使英语人名充分体现出描写性的特点。

2.伦理、宗法色彩、神话色彩的差异

中国的人名常由以下两个部分构成。

（1）“字辈名”。“字辈名”是在孩子出生前就已规定好的，用来表明辈分和排行，因而“字辈名”是不可选择的，具有极强的宗法意识。具体来说，适用于男子的“字辈名”通常包括义、德、礼、仁、忠、孝、智、信、勇等，适用于女子的“字辈名”通常包括淑、慧、贞、静、娴等。

（2）父母所起的名字。父母所起的名字也常常反映出极强的伦理精神与宗法观念。

直至今天，这种“字辈名+父母取名”的名字构成方式仍然存在，这充分体现出汉语名字所具有的“美教化厚人伦”的作用。

与此相对应，英语名字常常具有鲜明的神话色彩。具体来说，古希腊、罗马神话是西方文化的重要组成部分，因而也有很多英语人名来自古希腊、古罗马神话中的名字。

二、中西地名对比

地名是一种特殊的名词，不仅可以帮助人们确定位置，还蕴含着深厚的文化信息，体现着一个民族的精神内涵。

（一）地名与地理环境

中国与西方国家处于不同的洲，地理环境、气候条件等都有很大差异，这就使中西方的地形地貌也存在明显不同。英汉两种语言中的很多地名都反映出其所处的地理环境的特征。

1.中国地名与地理环境

（1）汉字的一些偏旁就是对当地地理环境的反映。例如，与山有关的嵩、峦、岭、峡、峰、崖、岗、岩等，与水有关的江、津、湖、河、沙、海、潭、渡、洛、港等。

（2）很多地名源于当地的典型地理特征。例如，我国的黄河、黄海的名字源于水中含有大量的黄沙，海南岛的五指山是因其形状像五指而得名。类似的地名还有很多，如清水河、金沙江、流沙河、黑山、铁山、白云山、狼牙山、摩天岭等。

（3）一些地名用来描述地理方位和位置。例如，山西、山东、河北、河南、湖北、湖南、广西、广东等。

2.西方地名与地理环境

西方国家的很多地名也与当地的地理环境有关。例如，冰岛（Iceland）这个国家大部分的土地都被冰山覆盖，因而取名“冰岛”，意思是“冰的陆地”。位于美国密西西比河流域最南端的红河（Red River）就是因为其河水呈红色而命名的。值得一提的是，西方国家的一些地名还与当地的矿藏和物产有关，如盐湖城（Salt Lake City）就因附近的大盐湖（Salt Lake）而得名。

与中国地名相类似，西方国家的一些地名也与地理方位有关。例如，英国的Yarmouth（雅茅斯），Portsmouth（朴次茅斯），Plymouth（普利茅斯），

Oxford（牛津），Cambridge（剑桥）等地名的词尾都是其所处位置的反映。美国的很多地名也与方位有关，其中以“西”开头的地名最多，如西弗吉尼亚州（West Virginia）。欧洲国家也有类似情况，如南斯拉夫（Yugoslavia）指的是南方的斯拉夫民族聚居的国家。

（二）地名与神话故事

在中西两种语言中，很多河流、山川的名字都与神话故事、传说等相关。

中国台湾的日月潭就源自一个美丽的传说。在很久以前，有两条恶龙吃掉了太阳与月亮，并沉入了潭底，天地间一片漆黑。只有用阿里山里的金斧头和金剪刀才能打败恶龙。于是，年轻的渔民大尖哥和水社姐便挺身而出。他们到阿里山找到了金斧头和金剪刀，并潜入潭底与恶龙搏斗了三天三夜，终于取得了胜利，救出了太阳与月亮，人间又恢复了光明。但是，他们俩因为体力消耗太大，便用龙肉来充饥，没想到吃下龙肉后就不停地往高长，最后变成了两座山。人们为了纪念他们，就把这两座山命名为大尖山和水社山，把这个潭叫作日月潭。

《山海经》是我国先秦时期的重要典籍，书中与传说相关的地名真是不胜枚举，如招摇山、堂庭山、杻阳山、亶爰山、箕尾山、长右山、浮玉山、句余山、会稽山、柜山、基山、柢山、羽山、成山等。

欧洲的Saine River（塞纳河）这个名字也源于一个古老的传说。公元前五世纪时，一位女神降临人间。这位女神的名字叫塞纳，是降水大神，“塞纳河”就源自这位女神的名字。今天，在塞纳河源流的小溪上，有一个小洞，洞里有一尊女神雕像。她半躺半卧，白衣素裹，嘴角流露微笑，神色安详，姿态优雅，手里捧着一个水瓶，以泉水为源的塞纳河源头小溪就是从这位美丽的女神背后流出的。

第三节　中西动物词、植物词对比

一、中西动物词对比

动物世界存在于人类世界之外，与人类的生活密切相关。人们在与动物的长期接触与生活中，渐渐了解了动物的习惯与特征。后来，人们总结出某些动物的品质或特性，并将这些品质与特性与某些人的特点联系起来。渐渐地，与动物有关的词汇便出现在了语言中，使人类的语言更加丰富、形象、生动。由于中西方在地域、历史、文化等方面存在一定的差异，中西民族对同一种动物可能熟悉程度也不同，动物的象征意义也不同。下面就对中西动物词的文化差异进行详细分析。

（一）“龙”与dragon

在中国文化中，“龙”是中华民族的标志，象征着民族精神。在我国古代传说中，龙是一种神异动物，可以兴云降雨，给人带来吉祥。

由于中国自古以来都是以农业为主，自然现象的变化对农牧业生产具有重要的影响。可以说，自然对庄稼收成的好与坏具有决定性的作用。在原始社会，人们的生产力水平非常低下，不能解释自然现象的变化，在自然面前显得束手无策。因此，自然崇拜就随之产生。人们将地上的动物与天上的物象加以结合，把闪电、虹当作蛇的化身，把蛇当作神，认为它可以主宰雨水，后来把蛇神化成龙。

由此可见，在中国文化中，“龙”是神灵的象征，人们对龙怀有一种崇拜、敬仰之情。中国封建皇帝往往借助龙来树立自己的威望，以维护其统治，因此人们便把“龙”作为皇帝和皇权的象征。例如，皇帝被尊称为“真龙天子”，其后代为“龙子龙孙”，与皇帝有关的东西都加一个“龙”字，如“龙袍、龙颜、龙座、龙体、龙床”等。一直以来，中国人都用“龙的传人”来称呼自己。

汉语中很多与“龙”有关的词语通常都带有褒义，如“龙腾虎跃”“龙马精神”“龙飞凤舞”等。

与汉语中“龙”的正面、积极的形象完全相反，英语中的dragon却是邪恶与恶魔的代表。在英语词典中，对dragon一词的相关定义主要有以下几个。

（1）它是一种长有翅膀、有爪子的、喷火的类似鳄鱼或蛇的怪物。

（2）它常常跟邪恶联系在一起。

（3）它是一种长着狮子的爪子、蛇的尾巴，模样像巨大的爬行动物的怪物。

在西方，人们一般认为dragon是一种有翅膀、吐火焰的怪物。在一些描写圣徒和英雄的传说中讲到与这种怪物进行斗争的事迹，也多以怪物被杀为结局。例如，《圣经》中说龙是被圣乔治用大梭镖捅死的。在基督教中，龙也总是代表邪恶。国外对可恶的专门打人的警察也叫“龙”。

总之，dragon在英语中是指一种没有“地位”的爬行动物，是西方人心目中凶恶而丑陋的象征。例如：

Two fiery dragons could not have been more furious than they were.

（他们当时凶神恶煞，两条喷火恶龙也难望其项背。）

The angel child and the dragon mother，Hagan thought，returning the mother’s cold stare.

（“天使般的女儿，恶龙般的母亲”，夏根想道，勇敢地回应着她母亲那冷冰冰的目光。）

近年来，随着中西方文化交流的加强，西方人士对中国的传统文化了解增多，因此一些人在翻译“龙”时用Chinese dragon以表示与西方的dragon的区别。

（二）“狗”与dog

在中国文化中，人们一般将“狗”视为令人厌恶的东西，是卑劣可恶的动物。人们常用狗比喻为供人使唤或助人为恶的帮凶，或用来比喻卑鄙丑恶的人。

在汉文化中，带“狗”的词语几乎都含有贬义。例如，“走狗”“恶狗”“野狗”“看门狗”“丧家狗”“狗腿子”“狗汉奸”“狗屎堆”“癞皮狗”“落水狗”“狗咬狗”“狗头军师”“狗仗人势”“狗胆包天”“狗仗人势”“狗急跳墙”“狗群狗党”“鼠窃狗偷”“狗尾续貂”“狗咬吕洞宾不识好人心”“夹着尾巴的狗”“狗掀门帘——全靠一张嘴”“狗眼看人低”“狗嘴里吐不出象牙”“狼心狗肺”“狗血喷头”“狗胆包天”“狗屁不通”“狗皮膏药”等。

在西方，人们常将dog（狗）视为最忠实的朋友。据说，美国的研究人员绘出了狗的基因组序列草图，并通过对草图进行初步分析发现，狗在基因水平上与人类的相似程度超过人类与鼠。这可能可以用于解释西方人对于狗的情感为什么如此真挚动人。美国人称呼狗，一般用he（他），而不用it（它），瞧狗不是斜视而是平视，他们将狗看作家庭成员，而不是低级动物。

在英语中，与dog有关的词汇多含有褒义。例如：

doglike 忠实于主人的

a gay dog 快乐的人

lucky dog 幸运儿

an old dog 年事已高或经验丰富的人

此外，在英语的一些词语中，dog是中性。例如：

work like a dog 拼命工作的人

Every dog has its day.

凡人都有得意日。

当然，英语中的dog也有贬义的一面。例如：

a dirty dog 坏蛋

a dead dog 没用的东西，废物

a sad dog 放荡的人，易闯祸的人

二、中西植物词对比

自古以来，人类的生活都与植物息息相关。人们根据植物的颜色、形状

或习性，赋予了植物一定的象征意义，在语言中就形成了一些植物词。由于中西民族的文化背景不同，两种语言中表示植物的词汇引起的联想意义也不一致。下面就来探讨中西植物词的文化差异。

（一）“柳”与willow

在中国文化中，柳通常可以表达“宁静、惬意和旺盛的生命力”的含义。因为柳树早于其他树木开花发芽，是万物复苏、生命开始的象征。因此，汉语中有很多表达此类意思的词语，如“桃红柳绿、桃花醉、春风杨柳万千条”等。

同时，由于汉语中“柳”与“留”谐音，柳也被认为是“离别”的象征，具有“挽留、离别、思念”等含义。自古以来，汉语诗词中有很多借柳树来抒发离别思念之情的。例如，李白的《忆秦娥》：“秦楼月，年年柳色，何人不起故园情。”刘禹锡也说：“春江一曲柳千条，二十年前旧板桥。曾与美人桥上别，恨无消息到今朝。”

此外，古人也用“花”“柳”来形容风尘女子，说妓院等场所时常用“花柳之巷子”等。

在英语中，willow大多指失恋或死亡，失去所爱的人等。例如，英语中的习语wear the willow，指的是“服丧；戴孝”“悼念爱人的死；痛失所爱的人”等。德莱顿（Dryden）在其诗*Secret Love*中写道：“If you had not forsaken me，I had you：so the willows may flourish for any branches I shall rob’em of.”（假如你不曾抛弃我，我就拥有你：这样柳树也会发芽，等候我来攀折）。[①]

此外，在古英语中，人们也常把垂柳与悲伤联系起来。在莎士比亚奥塞罗（*Othello*）剧中，[②]Desdemona说道：

my mother had a maid call’d Barbara,

① 转引自李莉辉.简析约翰·德莱顿的诗歌翻译观[J].长沙铁道学院学报（社会科学版），2008，（03）：160–161.

② 转引自刘玥.许渊冲“三美论”在《奥赛罗》翻译中的体现[J].汉字文化，2021，（22）：120–121.

She was in love, and he she lov'd prov'd mad
And did forsake her; she had a song of "willow";
An old thing't was, but it expressed her fortune,
And she died singing it.
And then comes the song:
The poor soul sat sighing by a sycamore tree,
Sing all a green willow;
Her hand on her bosom, her head on her knee.
Sing willow, willow, willow;
The fresh streams ran by her, and murmur'd her Moans;
Sing willow, willow, willow;
Her salt tears fell from her, and soften'd the stones;
Sing willow, willow, willow.

（二）"松"与pine

在中国文化中，"松"常与"柏"并称。人们把松柏的耐寒常青理解为一种抗击环境变化而能保持自身不变的社会属性，一种具有坚强意志，坚贞不屈、刚直不阿的民族精神。

松树具有强盛的生命力，其树龄可达千余年，因此自古以来都被人们视为长寿的象征。在中国古代，帝王宫殿、御苑、陵墓之旁必栽松树和柏树，意为"长命百岁""江山永存"。民间也有在墓地栽种松柏的习俗，以此寄托对亡者长久的怀念。现在，给上了年纪的人祝寿时，人们常常送上"松鹤延年""松鹤同龄"的画卷，以及"福如东海长流水，寿比南山不老松"的寿联，祝福老人健康长寿。此外，人们有时还用松树比喻志行高洁的君子。

而在《圣经》中有以下比喻：

All the lands are at rest and at peace;
they break into singing.
Even the pine trees and the cedars of Lebanon
exult over and say,

"Now that have been laid low,

no woodsman comes to cut us down."

（世界安宁了，人皆发出欢呼。

甚至松树和黎巴嫩的香柏都为你欢呼。

既然已经倒下，没有人再来砍伐我们。）

在这里，松树被喻为社会升平的象征。战争的威胁已经去了，松树可以太平无忧地生长在这个世界，而这正是人类的愿望。

《圣经》中耶和华说道：

I am like a green pine tree;

Your fruitfulness comes from me.

（我就犹如那青翠松树，你的果子从我而得。）

这里的松树是永存不朽的象征。有学者指出：在后世的西方文学文化中，人们就常用"松"喻指"天下太平""安居乐业"的升平社会。所以，作为一种四季常青的树木，松树在西方国家也是一种象征永生的树木，是生命的象征。另外，西方圣诞节装饰所用的圣诞树又是一种喜庆的象征（圣诞树多用冷杉，冷杉属于松树）。

第四节　中西颜色词、数字词对比

一、中西色彩词对比

（一）红色与red

在汉语文化中，红色是最鲜艳、最耀眼、最富有刺激性的一种色调，往往具有积极的文化意义。

（1）喜庆、吉祥。汉语中的红色是热情、奔放、活力、吉祥、幸福、美满、喜庆的象征。例如，中国文化中的“红事”是指诸如结婚、生子、过生日等重大事件。在中国的传统婚礼上，新郎新娘都要穿红色的礼服，胸前挂着红绢花，新房里点上红烛。生了小孩，亲朋好友还要去吃“红鸡蛋”，小孩年节时还要从长辈那里讨“红包”。此外，在重要的节假日，人们常常通过挂红灯笼、插红旗、贴红幅标语等方式来庆贺。

（2）顺利、成功。例如：

发红包：给人发奖金

红人：得到上司宠信的人

分红：分到合伙经营利润

走红：表示明星的境遇好

快速蹿红：表示演员迅速出名

（3）革命、进步。红色象征革命和进步，汉语中几乎含“红”的词语都有褒义。例如：红军、红色政权、根红苗正、又红又专、一颗红心永向党等。

此外，汉语中的红区、红星、红都、红旗、红军、红心、红领章、红袖章、红五星、红小鬼、红领巾、红色政权、红色宣传员、红色根据地、红色娘子军、红色资本家等词语都与红色的这一含义有关。

（4）暴力、危险。汉语中的一些习语、俗语常用“红”来表示危险或暴力，如“杀红了眼”“刺刀见红”“白刀子进去，红刀子出来”等。另外，消防车、报警灯等常被涂为红色。

（5）风尘。唐诗常用“红楼”“红袖”等来喻风月场所和指风尘女子，如韦庄《菩萨蛮》云：“骑马倚斜桥，满楼红袖招。”此外，汉语中的“依红偎翠”形容男子在外面寻花问柳，“红杏出墙”则指妻子对丈夫不忠，而这些违背婚姻道德的风流韵事统被称为“绯闻”。

（6）羡慕、嫉妒。汉语中常把对他人的不健康的羡慕称为“眼红”或“得红眼病”。

除上述含义外，汉语中的红色还可用来表示气愤、害羞、兴奋、伤心、同情等。

英语中的red既可表示积极的意义，也可用来表达负面的感情，但总体来说，red是一个具有贬义色彩的词，包含以下几个方面的含义。

（1）喜庆、庆祝。在西方国家的日历上，圣诞节或其他节日常常印刷成红色，因而red-letter就具有了“可纪念的”“喜庆的”的含义。另外，英语中还用to paint the town red来表示“狂欢”“胡闹”“痛饮”。

（2）尊贵、荣誉。西方国家的人们常通过红色来表达对贵宾的敬意，所以 red carpet在英文中有隆重的、上宾待遇的文化语义。例如，roll a red carpet for sb.或give sb. a red carpet reception表示隆重接待某人；receive a red carpet treatment表示受到了隆重接待；a red carpet visitor表示来访的贵宾或上宾。

（3）愤怒、羞愧。生气、害羞等情绪常常会使人不自觉地面红耳赤，因此red一词可以用来表示愤怒、羞愧等情感。例如：

become red-faced 难为情或困窘

to see red 使人生气

（4）负债、亏损。根据西方的财务制度，人们常常用红笔来标注账面与损益表上的负数净收入，以达到醒目、警觉的效果。于是，red就具有了负债或亏损的含义。例如：

red ink 赤字

red figure 赤字

in the red 亏本

red balance 赤字差额

a red month 这个月入不敷出

go out of red 还清欠债

go to the red 开始亏损，有赤字

（5）放荡、淫秽。西方文化中的red具有“性”“诱惑”“邪恶的美”等隐喻意义，因此red可暗指放荡与淫秽。例如：

a red light district 花街柳巷

paint the town red 花天酒地地玩乐、出没于娱乐场所

a red waste of his youth 他那因放荡而浪费的青春

（6）暴力、流血。由于西方人视鲜血为“生命之液”，鲜血的流淌就意味着生命之花的凋谢，因此西方人常将鲜血的红色与暴力、恐怖、流血、血

淋淋等联系起来。例如：

a red battle 血战

red revenge 血腥复仇

red activities 暴力活动

the red rules of tooth and claw 残杀和暴力统治

需要注意的是，英语词典中的red还可用作共产主义的同义词，且常有贬义。例如：

a red revolution 赤色革命

red hot political campaign 激烈的政治运动

red party 共产主义政党

red regime 共产主义政权

（7）危险、警告。red常常让人联想到“激进”“危险”“紧张”等含义，因此西方国家的易燃易爆危险物品上常贴有red label，而机密文件也被称为red-cover papers。类似的用法还有很多。例如：

red card 红牌

red light 红灯

red alert 空袭报警

（8）贫困、粗俗。例如：

red-bricked 暴发户做的二流的红砖房

red lining 圈红线（美国金融机构拒绝提供住房贷款的贫困地区）

（二）白色与white

1.汉语文化中的白色负面含义较多

（1）凶兆、死亡。根据中国古代的五方说，西方的白虎主肃杀之秋，是刑天杀神，因此征伐不义、处死犯人等事项常在秋季进行。另外，人死之后脸色发白，因此白色又是生命枯竭、无血色、无生命的表现，预示着死亡、凶兆。所以，中国人办传统白事的时候，亲人要披麻戴孝（穿白色孝服），设白色灵堂，出殡时要打白幡。

（2）知识浅薄、没有功名。隋炀帝定服制时曾有“庶民服白”的规定，因此白色就具有了没有功名或知识浅薄的含义。例如：

白面书生：阅历不深的文人

白衣举人：百姓中应举的人

白丁（或“白衣”）：平民百姓

白衣从事（或“白衣从征”）：剥夺官职又允许效劳的人

（3）奸邪、阴险。例如：

白脸：戏剧中的奸臣角色

白眼狼：忘恩负义的人

（4）明白、清楚。例如：

不白之冤：难以洗雪、无法破解的冤情

真相大白：找到事实真相，将其来龙去脉公之于众

（5）落后、反动。在政治领域，白色常用来表示腐朽、反动、落后。例如：

白军：反动军队

白色恐怖：反动政权制造的镇压革命的恐怖氛围

（6）纯洁。汉语中，“白璧无瑕”表示人或事物没有缺点，“清白”表示操守纯洁、没有污点。此外，白玉、白雪、月光等也因其高洁、纯净而受到颂扬。

（7）徒劳、无利可得。汉语中的“白干”“白忙”“白费力”等表示出力而得不到好处或没有效果。

此外，白色还具有恼怒、冷漠、紧张、焦虑、气愤、鄙视等含义。

2.英语中的white一词通常具有较为积极的文化内涵

（1）纯洁、高雅。例如，西方的天使总是长着一双洁白的翅膀，头顶上悬浮着银白色的光环。新娘在婚礼上要穿白色的婚纱，参加婚礼前，亲朋好友用白纸将礼物包装好，系上白绸带。白色的鸽子常被誉为和平的象征，而芭蕾舞剧《天鹅湖》中的白天鹅代表着纯洁、善良与爱情。再如：

white Christmas 银装素裹的圣诞节

white wedding 新娘穿白色婚纱的婚礼

a white soul 纯洁的心灵

Snow White 白雪公主

（2）正直、合法。white在英语中具有"清白""正直"等引申意义。例如：

a white list 名流人物的名单或批准的合法名单

a white man 忠实可靠的人

a white spirit 正直的精神

stand in a white sheet 忏悔

white hope 被寄予厚望的人或事

white light 公正无私的裁判

white market 合法市场

white-handed 正直的、廉洁的

（3）幸运、善意。例如：

a white lie 善意的谎言

a white day 吉日

days marked with a white stone 幸福的日子

（4）庄严。white常被用来表示庄严之物。例如：

white tie 男用全套正式晚礼服

white ensign 英国皇家海军军旗

White Book 白皮书

the White Hall 英国政府白厅

the White House 美国总统府，白宫

二、中西数字词对比

数字是人类认识世界的工具，并与人类的生活息息相关。在任何一门语言中，数字词都是其不可或缺的重要组成部分。由于文化背景的不同，中西语言中的数字词具有不同的联想意义与文化内涵。

（一）一与one

汉语中的“一”虽然笔画简单，却蕴涵着深刻的神秘色彩与丰富的文化内涵，具体体现在以下几个方面。

（1）本源。老子在《道德经》中说道：“道生一，一生二，二生三，三生万物。”可见，汉语文化中的“一”既是宇宙的起源又是万物发展之终结。因此，《说文解字》将“一”解释为：“一，唯初太始，道立于一，造分天地，化成万物。”这些观点都是中国朴素的辩证思想的体现。

（2）天与地。从文字学的角度看，“一”既代表天，如从天而降的“雨”上的“一”，又可代表地，如“立”下的“一”，所以“一”代表着顶天立地，是天与地的化身。

（3）数字“一”的本义。例如，一目十行、一诺千金、一马当先、一统天下、一言九鼎。

（4）一旦，一经。例如，一失足成千古恨。

（5）每一。例如，一针一线、一举一动、一个萝卜一个坑。

（6）满、全。例如，一统天下、一生一世、一地鸡毛。

不难看出，汉民族对数字“一”的尊崇有着悠久的历史，从而出现了许多由“一”构成的词语。例如，一针见血、一反常态、一叶知秋、一本万利、一寸光阴一寸金、一发不可收拾、一个巴掌拍不响、一举成名天下闻、十年一觉扬州梦、一客不烦二主。

英语中的one除表示数字的本义外，还可用作代词，表示“任何人/事物”的含义。英语中的很多习语都与one有关。例如：

one way or another 千方百计

one after another 接二连三

ten to one 十之八九

One bad apple spoils the barrel.

一颗老鼠屎，败坏一锅粥。

One can not please everybody.

一人难称百人心。

此外，英语国家的人偏爱除13以外的奇数，所以在整百整千的偶数后面加尾数one的表达方式非常常见。例如：

one hundred and one thanks 十分感谢，万分感谢

have one thousand and one things to do 日理万机

（二）二与two

从古代传说看，盘古开天辟地将原始混沌一分为二，阳清为天，阴浊为地。《周易》里的“二”就是“阴阳两仪”的象征。在这种阴阳交合以生万物的二元哲学观的影响下，双数在汉语中就蕴含着吉祥的文化内涵，具体体现在以下几个方面。

（1）中国建筑的布局讲究对称，中国的诗歌、春联和修辞都非常看重对仗、对偶、对称，人们在传统佳节互赠礼物时往往送双份礼来表示对亲朋好友的诚挚祝福，这些无不体现出汉民族对偶数的情有独钟。

（2）名字。不少中国人给孩子起名字也喜欢使用“双”或“对”，以求给孩子带来好运。

（3）成语。汉语中很多与“二”“双”“两”有关的成语都与吉利美好联系在一起。例如，两全其美、两相情愿、比翼双飞、好事成双、才貌双全、双喜临门、二龙戏珠、智勇双全、双面佳人、名利双收、德艺双馨。

英语中的two既有积极含义也有消极含义。

（1）积极含义。根据早期的基督教教义，“2”代表着人和神的结合，因而是基督教的象征。英语有“Two’s company，three’s none.”的谚语，意思是“两人结伴，三人不欢”。此外，古老的英格兰民谣中有“星期一富有，星期二健康”的唱词。

（2）消极含义。英语中的die表示“死亡”，而dice是die（骰子）的复数，因此two代表着一种不祥的含义。例如，古罗马人将2月份定为祭献冥王的月份，将2月2作为祭献亡灵之日；美国人为摆脱厄运，常把两美元的钞票撕掉一角，因为两美元的钞票很容易让人联想到纸牌中的“2”或deuce（厄运）。

第五章

全球化视阈下的中西自然文化对比

自然现象文化是天然的、非人为的文化。长期以来，自然现象中的云雨风月等伴随着人类的脚步，并被赋予了丰富的文化内涵。本章重点对比分析全球化视阈下的中西自然文化现象。

第一节　中西山水文化对比

一、中西山文化对比

（一）中国山文化

1.传达情感

对于山文化，自古至今很多文人墨客通过文学来呈现，而文学即人学，最集中的体现在于传达情感。因此，文人墨客眼中的山文化就成了传达情感的必需品，有些人用山来表达喜悦，有些人用山来表达思念，有些人则用山来表达一种宁静的心态。例如：

树高枝影细，山尽鸟声稀。
石苔时滑屣，虫网乍粘衣。

——南北朝·释供偃《游钟山之开善定林息心宴坐引笔赋诗》

在这首诗中，诗人想要传达的是山的幽静，给人以心境平和之感，并且因此产生了对山的依恋，萌生一种归隐之心。

同样，不同的诗人对待同一个景物所抒发的情感是不同的。例如：

昔年亟攀践，征马复来过。
信若山川旧，谁如岁月何。
蜀相吟安在，羊公碣已磨。
令图犹寂寞，嘉会亦蹉跎。

——唐·张九龄《登襄阳岘山》

湖上清溪溪上山，
山亭结构俯人寰。
窗中树色宜晴雨，

门外滩声自往还。

——明·刘基《宗上人溪山亭》

上述两首诗词描写的都是岘山，表达的意境却明显不同。张九龄利用岘山表达出自己面对历史兴亡、人代冥灭的一种悲伤之情。刘基面对岘山的美景，感叹自己容颜易老，呈现的是对岘山的喜爱与倾慕。

2.意蕴多样

山文化的多样性不仅仅指组合形式的多样，还指山文化意蕴的多样性。也就是说，山的意蕴并不是单一的，而是不断变化的，甚至呈现多层次性。例如，山与松结合，既可以呈现神仙世界的浪漫，也可以表达坚贞不屈的性格。

另外，同一座山，不同的诗人会选择与不同的意象结合，有的习惯与风，有的习惯与鸟，有的习惯与隐士等，这些组合的意象不同，代表的山的意蕴也会不一样。例如：

至湘洲望南岳诗

南北朝·吴均

重波沦且直，连山纠复纷。

鸟飞不复见，风声犹可闻。

胧胧树里月，飘飘水上云。

长安远如此，无缘得报君。

游南岳

唐·张乔

入岩仙境清，行尽复重行。

若得闲无事，长来寄此生。

涧松闲易老，笼烛晚生明。

一宿泉声里，思乡梦不成。

上述两首诗都是描写南岳的。吴均在诗中将“山”与“鸟”“风声”“云”“月”等结合在一起，表现了路途非常遥远、曲折。诗中“山”代表的并不是“南岳”，而是阻隔诗人看“南岳”的其他山脉，有着阻隔的意味。但是，“鸟”可以一飞而过，“风声”“云”“月”等都对“鸟”构不成阻碍，显然诗人没有“鸟”的翅膀，不能飞越，传达的是一种期望，是一种可望而不可即的韵味。相比之下，张乔诗中的“山”指代的就是南岳，他将南岳比作仙境，并且将“山”与“涧”“松”“泉声”组合在一起，给人一种脱俗清幽之感，清脆的泉声使诗人的思乡愁绪逐渐淡化，也因此产生了“长来寄此生”的想法与愿景。

3.意象传承

对于意象的传承，这一点是非常容易理解的。众所周知，人们共有的情感类型即喜怒哀乐，而对于某事的观点、看法等，甚至成为人们的共识，不轻易改变。传承性就在这之中体现出来。

另外，很多人都会忽略一个重要的层面，即山的传承性与对应的自然界原型的物理特征紧密相关。正如人们所知道的常识，山是千百年来不容易改变的物体，即始终在一个地方固定，即便出现地质活动，其细节形态可能会发生些许变化，但是总体上仍旧不变。同时，山所蕴含的特征，如高大、树木繁茂等也几乎不会发生改变。例如：

游敬亭山诗

南北朝·谢朓

兹山亘百里，合沓与云齐。
隐沦既已托，灵异居然栖。
上干蔽白日，下属带回溪。
交藤荒且蔓，樛枝耸复低。
独鹤方朝唳，饥鼯此夜啼。
渫云已漫漫，夕雨亦凄凄。
我行虽纡组，兼得寻幽蹊。
缘源殊未极，归径窅如迷。
要欲追奇趣，即此陵丹梯。
皇恩竟已矣，兹理庶无睽。

独坐敬亭山

唐·李白

众鸟高飞尽，孤云独去闲。
相看两不厌，只有敬亭山。

上述两首诗都是对敬亭山的描写。谢朓的诗中花费较大的笔墨对山的美加以描述，如“云”“白日”“回溪”等都是对山色美景的描述。同样，李白对谢朓是非常推崇的，并且在自己的多篇诗作中表达了对谢朓的肯定。也就是说，李白对敬亭山的描写受到了谢朓的启发，这首诗主要是为了传达敬亭山的美丽、清幽、灵性。

（二）西方山文化

相较于中国山文化的丰富，西方的山文化仅作为一种客观自然现象出现。关于山的描写，西方的文章中并不常见。这主要是因为，在西方人眼里，自然与人二分，且主张人定胜天，因此具有浓重的抽象思维与客观思维。基于这一点，西方人对山的欣赏仅限于客观层面。在西方文化中，山并没有被赋予很多的象征意义，也没有汉语中“山”的文化义项。就英国而言，山只是一种自然景物，而且英国四面环海，在英国的经济发展过程中，人们更多地依赖于海，所以形成的文化是典型的“海洋文化”。

二、中西水文化对比

（一）中国水文化

1.指代离别愁绪

古人一般会临江作诗送别亲人、朋友，表达对亲人、朋友即将远行的离别愁绪。例如：

望江南・梳洗罢
唐・温庭筠
梳洗罢，独倚望江楼。
过尽千帆皆不是，

斜晖脉脉水悠悠。

肠断白蘋洲。

在这首诗中，悠悠流水中倒映着余晖，映射出妇人期待丈夫归来的寂寞情感。

另外，古代诗人有兼济天下的抱负和理想，但是在现实中往往遭遇坎坷，人生不得志，一生穷困潦倒。而流水的潺潺恰好能够形容这种心情。例如：

虞美人·春花秋月何时了

南唐·李煜

春花秋月何时了？往事知多少。

小楼昨夜又东风，故国不堪回首月明中。

雕栏玉砌应犹在，只是朱颜改。

问君能有几多愁？恰似一江春水向东流。

这首诗的最后一句恰好表达了诗人遭遇坎坷之后的心境，即南唐后主李煜的亡国之愁。

2.比喻爱情阻隔

在人类的文化心理中，流水不仅是可爱的角色，有时候也代表着可恨的角色。人的生活离不开水，因此很多人选择临水居住，那么水边自然就成为男女相会的场所。但是，古人的思想比较保守，很多时候男女并不能私会。例如：

蒹葭苍苍，白露为霜。

所谓伊人，在水一方。

——先秦·无名氏《蒹葭》

这首诗就描写了男女之间谈恋爱的艰难，因此给人以惆怅之感，让人可望而不可即。

3.比喻时光流逝

流水一去不复返，比喻人生易逝，比较短暂。例如：

君不见，黄河之水天上来，奔流到海不复回。

君不见，高堂明镜悲白发，朝如青丝暮成雪。

——唐·李白《将进酒》

黄河之水从天而降，奔向大海，不再回还，人生也如同江水奔流一样，如此短暂，朝朝暮暮之间就满头白发，诗人感慨人的青春短暂，一去不复返。

4.比喻跳动音符

泉水的涌动、小溪的奔流，如同甜美的少女、好动的男童一般，因此水也比喻跳动不止的音符，呈现的是一种快乐的心境。例如：

遗爱寺

唐·白居易

弄石临溪坐，寻花绕寺行。

时时闻鸟语，处处是泉声。

在这首诗中，作者突出了自然的美，有溪水也有鸟语泉声，表达出诗人喜悦的心情。

（二）西方水文化

作为人类生命的依托，人类的生存必然离不开水这一物质载体。在西方文化中，也有着这样那样的传说，比如有人遇到洪水后能够重生。关于水，西方有如下两点理解。

1.生命之源

诺亚方舟是一个圣经故事，讲述了洪水滔天，万物灭绝，而人类中一个叫诺亚的人建造方舟求助陆地生灵的故事。

英国现代派诗人托马斯·艾略特（Thomas Stearns Eliot）的《荒原》（*Waste Land*）中，用大地干旱龟裂、草木枯竭来形容人类的理想和信仰等逐渐消失，也预示着人们对救命的水的期待和盼望，对救世主与再造灵魂的期盼，而突然而来的闪电与甘霖，预示着水的到来，也成就了生命的重心。[1]

2.一种情感与诗化

西方国家多依傍海洋而生，很多优秀的文学作品中渗透着海洋文明的特色。例如，古希腊荷马史诗中的《奥德赛》（*The Odyssey*），奥德修斯漂泊于海上，并经历了多个故事，这些故事虽然具有了神话色彩，但是展现了一个明确的对象，即人与自然的斗争过程。这也标志着西方历险文学的开始，也是以人们探求世界为原型的。

中世纪，在盎格鲁·撒克逊民族史诗《贝奥武甫》（*Beowulf*）中，也存在大海这一形象，但是在这一故事中，大海成了海怪的庇护所，蕴藏着杀机与危险，也给人们带来了巨大灾难。

在阿拉伯民间故事《一千零一夜》的《辛伯达航海旅行记》中，主人公为了探求新的知识与财富，在大海上经历了艰难险阻。

第二节　中西气候文化对比

一、中西“风”文化对比

（一）中西东风文化对比

1.汉语中的“东风”

在汉语中，“东风”具有丰富的文化内涵，主要体现为下面几个方面。

---

① 转引自帅文芳，董韵.《荒原》中现代人精神危机的伦理学阐释[J].匠心，2024，（01）：139-141.

①春天。寒冷的冬天过后，东风的到来预示着万物复苏、春回大地，所以汉语中有“东风报春”之说。

②温暖、生机。中国东临太平洋，从东面大海吹来的风充满温暖，给大地带来生机。

③革命力量。汉语中的“东风”还可以喻指“革命的力量或气势”。例如，毛泽东留下“东风压倒西风”的著名论断，暗示革命力量必然压倒反动势力。

中国人对东风具有丰富的情感，因此东风常见于诗句中。例如：

东风恶，欢情薄。一怀愁绪，几年离索。错。错。错。

——宋·陆游《钗头凤》

多种族，如弟兄，千秋万岁颂东风。

——郭沫若《新华颂》

2.英语中的east wind

英国是一个岛国，东眺欧洲大陆，西临大西洋。每到冬季，来自北欧的“东风”与“东北风”为英国带来的是刺骨的寒冷。例如：

How many winter days have I seen him，standing blue nosed in the snow and east wind.

（Charles Dickens：*David Copperfield*）

（许多冬日，我总是看见他鼻子冻得发紫，站在飞雪和寒风里。）

（二）中西西风文化对比

1.汉语中的“西风”

中国西部地区高山、高原较多，秋冬之季，西北风吹来时寒意渐浓，草枯叶败，万物凋零，使人备感寒意，容易引发人的悲伤情感。因此，汉语中的“西风”通常含有负面的含义。例如：

飒飒西风满院栽，蕊寒香冷蝶难来。

——唐·黄巢《题菊花》

碧云天，黄花地，西风紧，北雁南飞。晓来谁染霜林醉？总是离人泪。

——元·王实甫《长亭送别》

除此之外，汉语中的“西风”还可以象征日趋没落的腐朽势力。

2.英语中的west wind

英国人比较偏爱west wind。春夏两季，来自大西洋的西风既给万物带来生机，又为欧洲大陆带来充足的雨水，使欧洲进入温暖湿润、令人舒适的季节。从一些英语诗句中可以看出英国人对西风的喜爱。例如：

O, wind,

If winter comes，can spring be far behind?

（James Shirley：*Ode to the West Wind*）

（啊，西风，假如冬天已来临，春天还会远吗？）

诗人既表达了对西风的喜爱，又借此传达出自己的坚定信念与对未来的憧憬。

二、中西“春”“秋”文化对比

（一）中国的“春”“秋”文化

1.中国“春”的文化内涵

（1）表示春天，传递美好。春是一年中的第一个季节，在中国是指从立春到立夏的三个月。在这三个月中，天气转暖、万物复苏、生机勃勃，一派繁荣景象。因此，“春”在中国文化中具有温暖、美好的联想。我国古代的诗词中对春的描写和歌颂数不胜数。例如：

春夜喜雨

唐·杜甫

好雨知时节，当春乃发生。

随风潜入夜，润物细无声。

野径云俱黑，江船火独明。

晓看红湿处，花重锦官城。

（2）暗含淡淡的忧伤。美好的时光总是过得很快，尤其是我国北方，春天更加短暂，这让人们总是对春天的美好恋恋不舍，对春天的离开暗自忧伤。因此，在中国文化中，“春”还经常伴随着忧伤之情。例如：

浪淘沙

南唐·李煜

帘外雨潺潺，春意阑珊，罗衾不耐五更寒。

梦里不知身是客，一晌贪欢。

独自莫凭栏，无限江山，别时容易见时难。

流水落花春去也，天上人间。

2.中国“秋”的文化内涵

（1）包含思念、哀愁、悲伤的情感。秋天是由暖转寒的季节，在此时节，落叶纷纷、候鸟南迁，令人徒增哀愁、伤感之情。身处异乡的天涯沦落人见此光景更是思念故乡，故而创作了许多伤感、哀愁的诗词。例如：

相见欢

南唐·李煜

无言独上西楼，月如钩。

寂寞梧桐深院锁清秋。

剪不断，理还乱，是离愁，

别是一般滋味在心头。

（2）代表清宁、秋高气爽。秋天的气温逐渐下降，没有了夏天的酷热，也没有冬天的严寒，总体来说天气晴朗、天高气爽，令人心情舒畅、情绪安宁，因此在我国古诗词中，也有对秋的美好联想。例如：

山居秋暝

唐·王维

空山新雨后，天气晚来秋。

明月松间照，清泉石上流。

竹喧归浣女，莲动下渔舟。
随意春芳歇，王孙自可留。

（二）西方的“春”“秋”文化

1.西方“春”的文化内涵

在西方文化中，春的基本意义和文化内涵与其在中国文化中的基本意义与内涵基本一致，即象征温暖和美好。例如：

Spring

—William Blake

Sound the flute!
Now it's mute.
Birds delight
Day and night;
Nightingale
In the dale,
Lark in sky,
Merrily,
Merrily，merrily，to welcome in the year.

Little boy,
Full of joy;
Little girl,
Sweet and small;
Cock does crow,
So do you;
Merry voice,
Infant noise,
Merrily，merrily，to welcome in the year.

Little lamb，
Here I am;
Come and lick
My white neck;
Let me pull
Your soft wool;
Let me kiss
Your soft face;
Merrily，merrily，we welcome in the year.

春天

——威廉·布莱克

把笛子吹起！
现在它无声无息。
白天和黑夜
鸟儿们欢喜。
有一只夜莺
在山谷深深，
天上的云雀，
满心欢喜，
欢天喜地，迎接新年到。

小小的男孩
无比欢快。
小小的女孩
玲珑可爱。
公鸡喔喔叫，
你也叫声高。
愉快的嗓音，

婴儿的闹声，
欢天喜地，迎接新年到。

小小的羊崽，
这里有我在，
走过来舔舐，
我白白的脖子。
你的毛柔软，
让我牵一牵。
你的脸娇嫩，让我吻一吻。
欢天喜地，我们迎接新年到。

2.西方“秋”的文化内涵

在西方文化中，秋的基本意义与其在中国的基本意义一样，都是指夏、冬之间的那个季节，但其联想意义却颇有不同。与中国人相比，西方人对秋的喜爱之情更盛。例如：

Autumn

—Thomas Ernest Hulme

A touch of cold in the Autumn night—
I walked abroad,
And saw the ruddy moon lean over a hedge
Like a red-faced farmer.
I did not stop to speak, but nodded;
And round about were the wistful stars
With white faces like town children.

秋

——托马斯·欧尼斯特·休姆

秋夜生凉意
独步月光里，

但见红润月亮倚树篱，
好似赤面农夫空中立。
未止步而言，我只点头示意，
忧郁星星挂天际，
如张张城里孩子苍白的小脸
陪伴伊。

三、中西“月”文化对比

（一）中国的“月”文化

在中国，月亮是历代文人墨客描写的一个重要对象，以抒发情感或借物咏志。因此，汉语中的“月亮”具有十分丰富的文化内涵，现总结如下。

（1）象征对故乡、亲人的思念。在中国，人们经常借助月亮表达对家乡、亲人、友人的思念之情。例如：

月夜忆舍弟
唐·杜甫
戍鼓断人行，边秋一雁声。
露从今夜白，月是故乡明。
有弟皆分散，无家问死生。
寄书长不达，况乃未休兵。

（2）象征团圆。月有阴晴圆缺，圆月在中国文化中往往象征着团圆、和睦、美满。例如：

蝶恋花
清·纳兰性德
辛苦最怜天上月，一夕如环，夕夕都成玦。
若似月轮终皎洁，不辞冰雪为卿热。
无那尘缘容易绝，燕子依然，软踏帘钩说。

唱罢秋坟愁未歇，春丛认取双栖蝶。

（3）象征人的高洁品质。月亮高高在上，月光皎洁纯净，给人以冰清玉洁之感，因此古人也常赋予月亮高洁的品质。例如：

赠孟浩然

唐·李白

吾爱孟夫子，风流天下闻。

红颜弃轩冕，白首卧松云。

醉月频中圣，迷花不事君。

高山安可仰，徒此揖清芬。

（4）象征美人或恋情。在古代，人们常以皎洁的月亮衬托女子的清纯与美丽，如“花容月貌”“闭月羞花”就是形容女子美貌的。除成语外，中国古典诗词、小说、戏剧中也多有这类描述。例如：

月出皎兮，佼人僚兮。

舒窈纠兮，劳心悄兮。

月出皓兮，佼人懰兮。

舒忧受兮，劳心慅兮。

月出照兮，佼人燎兮。

舒夭绍兮，劳心惨兮。

——《诗经·陈风·月出》

（二）西方的“月”文化

西方人对科学的执着令他们在看待月亮时，有着更加理性的思维。对他们而言，月亮是一种客观存在。更多的时候，月亮只会令他们想起1969年阿姆斯特朗的登月壮举以及那句名言。

That’s one small step for a man，one giant step for mankind.

（一个人的一小步，人类的一大步。）

第三节　中西方位文化对比

“方位”除了表示具体的方位，还蕴涵着浓厚的文化气息，与人们的思想观念、日常生活、风俗习惯等联系紧密。

一、“东”与east

（一）“东”

根据许慎所著的《说文解字》，“东”是一个会意字，指“东，动也，从日在木中”。

现代语言学家罗常培也认为“东”是会意字，意思是“太阳升起的地方”。[①]罗常培指出，在原始社会，人们在判断方位时，将太阳作为重要依据，即东指日出方，西指日落方。

我国古代传说中有很多例子可以体现东方与太阳之间的联系。例如，古代将太阳称为“东乌”，古代神话传说中用“东君”来指日神，而太阳则住在东方的一棵扶桑大树上。因此，许慎根据汉族祖先对太阳的认识水平，用“从日在木中”来解释“东”的构成是合理的。

古人认为，“东方”是太阳升起的地方，是光明和温暖的地方，因此汉语文化有“东方主生”的观点。

（二）east

英语中的east表示“东、东方”，没有特殊的含义。例如：

---

① 罗常培.从斯大林的语言学说谈中国语言学上的几个问题[J].科学通报，1952（07）：1–6.

It is the East, and Juliet is the sun!

Arise, fair sun, and kill the envious moon...

(Shakespeare: *Romeo and Juliet*)

(那就是东方，朱丽叶就是太阳！

起来吧，美丽的太阳！赶走那妒忌的月亮……(朱生豪译))

这是莎士比亚的名剧《罗密欧与朱丽叶》中罗密欧的一段台词，其中的East表示其本义“东方”。

二、“西”与west

(一)“西”

甲骨文中的“西”与鸟巢的形状相似，属于象形字。许慎在《说文解字》中对“西”的解释为：“鸟在巢上也，象形。日在西方而鸟西(栖)，故因以为东西之西。……或西从木妻。”由此可见，栖的初文乃是“西”。当太阳在西边落山时，鸟常在巢内栖息，栖息地“西”也就由此引申出了西方的含义。

日落西山还意味着黑暗与寒冷的到来，因此西也就具有了恐怖、不祥、死亡的联想意义。在现代汉语中，“上西天”是死亡的委婉语。例如：

但以刘日薄西山，气息奄奄，人命危浅，朝不虑夕。

——晋·李密《陈情表》

这里“日薄西山”指的就是行将死亡。

后文的“西子”指西施，或者可以说泛指像西施一样美貌的女子，但并不泛指女子。

西厢房也未必是女子居住，多子家庭更可能分配给次子居住。

个人认为东最重要的文化内涵是“主人位”“尊贵”这两项，举例可以是“东道主”“东第”等。说回厢房的问题，应该也是东厢房更尊贵些，一般会给长子居住。

同时，四个方向是跟四时四象结合的，也就是“东”关联“春”“青龙”。有些跟“东”有关的文化现象是从这些方向发展起来的。

（二）west

英语中的west表示“西、西方”，没有特殊的含义。例如：

Can we forge against these enemies a grand and global alliance，North and South，East and West，that can assure a more fruitful life for all mankind? Will you join in that historic effort?

（不管是南北方，还是东西方，我们能否结成一个全球性的伟大联盟来对付这些敌人，以确保全人类过上更美好的生活？你们愿意参与这历史性的努力吗？）

原文选自美国总统肯尼迪（John F. Kennedy）的就职演讲，其中的west表示其本义“西方”。

三、“南”与south

（一）“南”

汉语中关于“南”的渊源，主要有两种说法。

（1）“南”原为乐器，后指乐曲名。

（2）“南”得名于“妊”，取妊养万物之义。

人们根据生活经验发现，山的南坡通常光照时间长、光线充足，有利于妊养万物，因此草木的生长也较为旺盛。因此，汉语将山的南面称为“阳”。

另外，“南风”因为“男风”谐音才产生了另外的含义，这样似乎更合理，而不是相反。

（二）south

英语中的south表示“南、南方”，没有特殊的含义。例如：

I am no more lonely than a single mullein or dandelion in a pasture，or a bean leaf，or sorrel，or a gadfly，or a bumblebee. I am no more lonely than the Mill Brook，or a weathercock，or the north star，or the south wind，or an April shower，or a January thaw，or the first spider in a new house.

（Henry David Thoreau：*Solitude*）

比起牧场上的一朵毛蕊花、一枝蒲公英、一片豆叶、一束酢浆草、一只牛虻或大黄蜂来，我并不孤单多少；比起密尔溪、风标、北极星、南风、四月春雨、正月融雪，或者新房中的第一只蜘蛛，我也并不更加孤独。

本例出自梭罗的《孤独》，其中的south表示其本义“南方”。

四、“北”与north

（一）汉语“北”

“北”是背的初文，写法上很像两个人背靠着背的样子，在甲骨文中属会意字。根据古人的观点，南面或阳面是正面，因此阴面是背面，就是北面，所以背面的“北”引申出南北的“北面”（卢红梅，2006）。

由于女子为阴，北面亦为阴，因此北方多与女子联系起来。

在古代建筑中，东房一般被分为南北两个部分。北面的部分被称为“北堂”，房门朝北，与后庭相通，多是妇女的起居、盥洗场所。所以“北堂”成为母亲的代名词。

（二）north

英语中的north表示“北、北方”，没有特殊的含义。例如：

...go back to the slums and ghettos of our northern cities，knowing that somehow this situation can and will be changed. Let us not wallow in the valley of despair.

（Martin Luther King：*I Have A Dream*）

（……回到我们北方城市中的贫民窟和黑人居住区去吧。要知道，这种情况能够而且将会改变，我们切不要在绝望的深渊里沉沦。）

原文选自马丁·路德·金的《我有一个梦想》，其中的northern是方位词north的同根词，这里表示其本义“北方的、在北方的”。

五、“中”与center

（一）“中”

在中国，对“中”的崇拜历史悠久，前堂后室的传统建筑布局就是这一观念的集中体现。

具体来说，“中堂”（也称“正堂”）位于前堂正中，“正室”位于后室正中，东房和西房分别位于正室两侧。通常情况下，正室由嫡妻居住，偏房由小妾居住，因此汉语中的“正室”或“正房”常指嫡妻，“侧室”或“偏房”常指代妾。

古代的军队划分也体现出古人的尚中思想。具体来说，军队常被分为“上中下”三军或“左中右”三军。无论采取哪种分类方法，由主将率领的中军都是三军中的中坚力量。进入现代社会后，人们在安排座次时将中间的位置留给级别最高的人，并以此为中心左右依次排列，这也是尚中思想的延续。

（二）center

英语中的center表示“中间、中心”。例如：

In the center of the hall, there were a number of tall structures which contained coloured lights.

展厅中央是装有彩色灯泡的许多高高的构件。

原文选自新概念英语（*New Concept English*）第三册第18课《现代艺术的电流》（*Electric Currents In Modern Art*），其中的center表示“中间、中央”。

第六章

全球化视阈下的中西民俗文化对比

当前，国与国交往日益紧密，中国的国门也进一步打开，在今天，作为世界文化两大支柱的中西方文化面临着不同的考验。中西方文化虽然在功能上有一定的相同之处，但是二者也有着明显的差异。中西方所处的文化背景不同，现实生活中的事物被赋予的文化内涵也就存在明显的差异性。因此，人们在交际过程中就需对这些差异有所了解和把握。在中西方文化中，民俗文化是其重要的内容，是社会前进的前提与基础，如节日、饮食、居住、服饰、婚丧文化，这些文化是不同文化景观与文化要素的呈现。

第一节　中西节日文化对比

世界上各个国家、各个民族都有自己的节日，有的节日与古老故事、民间传说有关，有的节日与国家的历史事件相关。各个国家、民族的生活习俗、历史文化、价值观念不同，导致节日文化也存在差异。

一、中西节日的价值取向对比

（一）中国节日注重集体

传统节日是一个民族价值观念和思维方式等的重要反映。中国节日注重集体活动，强调宗法集体，讲究以大局为重。中华民族几千年来以血缘、地缘为纽带的社会关系决定了儒家传统文化的集体主义价值取向。体现在节日方面，中国传统节日大都具有较强的家庭宗族观念和群体观念，多举办家族或家庭为核心的集体活动，注重家族全员共享天伦之乐、团圆之情，强调全家团圆、阖家欢乐。可以说，“亲情”“团圆”“全家平安”是中国传统节日的主题。

例如，在中国，通常每逢春节、元宵节、中秋节等，在外工作的人都尽量赶回家与家人团圆，围坐聚餐，共吃团圆饭、元宵、月饼。聚餐期间，晚辈会向长辈敬酒祝寿，长辈会为晚辈祈福祝吉，家庭中洋溢着团团圆圆、和和美美的节日氛围。再如，人们会在端午节举行集体龙舟赛活动，在清明节举行祭祀祖先的集体活动等。这些都体现出中国传统节日追求团圆、尊长，体现出浓厚的中国文化韵味。

（二）西方节日注重个性

西方文化认为人是一切活动的中心所在，每个人都是独立的个体，理应被放在第一位。西方人对于个性和自由也非常推崇，非常强调个人的意志，追求个人的解放和自由。同样，西方节日也注重个性，在西方国家也有注重全家团圆的节日，如感恩节，但大部分节日更强调个人享乐，注重个性的张扬，如圣诞节、万圣节等。西方节日大都以欢快和娱乐为主基调，人们通常以过节之名，尽情享受欢乐。可以说，“狂欢”“新奇”“神圣”“浪漫”等是西方节日精神的主要内核。[①]

二、中西节日的呈现方式对比

（一）中国节日推崇饮食文化

相比之下，中国节日注重饮食。在我国的传统节日中，饮食一直都扮演着重要的角色，如春节、端午节、中秋节等都有与之相对应的特色食物。

在春节这个最隆重的节日，人们除了贴对联、拜年，还会做各种食物。虽然各地饮食习俗各异，但在春节期间人们都会吃团圆饭，在除夕齐聚一堂，享受美味佳肴；在端午节，人们吃粽子、鸡蛋，还会喝雄黄酒；中秋节人们回家团聚，一起赏月吃月饼。

（二）西方节日推崇精神文化

西方节日追求精神上的愉悦。具体来说，西方节日追求在交往中营造欢乐的氛围，注重将彼此的情感加以释放。虽然很多节日中也不乏特色食物，

---

① 李欣. 比较视野中的中西传统节日文化 [J]. 中州学刊，2008，(4)：243-245.

如复活节的彩蛋、圣诞节的烤鹅、感恩节的火鸡等，但人们更多的是追求精神上的愉悦和快乐。

以狂欢节为例来说，其不仅仅是一个节日，也是人们打破正常生活秩序的一个时节，人们会举行盛大的化装舞会、喧闹的彩车游行等，充分体现了西方人追求欢乐的宗旨。此外，愚人节也是能够充分反映西方节日文化特色的一个节日。在愚人节这一天，人人都可以取笑别人和被别人取笑。节日期间的相互愚弄和搞笑可以充分缓解人们的紧张情绪，给生活增添一定的乐趣。

第二节　中西饮食文化对比

在人们的日常生活中，食物是不可缺少的一部分。对于饮食，中西方国家都有着悠久的文化，随着世界交往的日益紧密，人们会接触到不同国家的饮食文化。

一、中西饮食的价值取向对比

（一）中国饮食追求美味

中国人的饮食观念是追求美味，即讲究食物的味道要好，因此中国的厨师们往往费尽心思在食物的味道改良上。在中国人眼中，一道菜品的形色仅是外表，味道是其内在品质，因此必须注重内在，不用对外表进行刻意修饰。简单来说，中国饮食观念最重要的一点就是：重视菜肴的味道，不过分展露菜肴的形色。

同时，饮食在中国具有巨大的社会功能。中国人喜欢请客吃饭，并且请客吃饭的理由有很多，如婚丧嫁娶、送别亲友、生日祝福、同学聚会等。中国人往往从饮食中去解读一些与饮食无关的问题，这一文化现象就是“泛食主义”。例如，将职业称为“饭碗”，将轻而易举称为“小菜一碟”，将学习知识称为“汲取营养”等。

另外，不管是什么样的宴席、什么样的目的，中国人大部分都围绕圆桌而坐，所有的食物无论是凉菜、热菜，还是甜点等都放在桌子中间。同时，中国人会根据用餐人身份、年龄、地位等分配座位，在宴席上人们会互相敬酒、互相让菜，给人以团结、祥和之感。可见，这一理念符合中国人的“大团圆追求”，体现了用餐人“团结、礼让”的美德。

（二）西方饮食追求营养

西方人的饮食更注重营养与科学，将保证食物充足的营养作为最高的饮食标准。也就是说，在西方人眼中，食物的营养居于主要地位，味觉享受居于次要地位。西方人饮食非常注重理性，对于口味并不过分推崇，饮食结构也非常简单，强调食物中的营养价值，追求各种食物搭配是否合理。

同时，西方饮食体现了一种实用主义功能，人们讲究食物是否营养全面，而很少将饮食与精神关联起来。在西方人眼里，饮食主要是为了填饱肚子，维持自我生存。

另外，由于西方人用餐的目的在于生存，即主要是为了充饥，因此一般用餐都是分食制的，即大家用餐互不干涉。在西方的宴会上，人们的目的也是交流情谊，宴会的布置会非常优雅、温馨。西方人对于自助餐非常钟爱，食物依次排开，大家根据自己的需要拿取，选择自己喜欢的食物，这方便大家随时走动，也有助于促进交往。

二、中西饮食的烹饪方式对比

（一）中国饮食的烹饪方式繁多

中国的饮食对象非常广泛，烹饪方式繁多，因此烹饪的程序也并不是唯一的，富有较大的变化。就如“宫保鸡丁”这道菜，在中国不同的地方吃会吃出不同的味道，甚至味道的差别很大。在辅料上，中国的食物往往以“一汤匙”“适量”等来描述，没有一个统一的标准，不同的厨师做出来的也必然有所差异。

在烹饪程序上，厨师往往会添加自己的聪明才智，也不会严格按照标准来烹饪，因此中国产生了很多的菜系。为了追求味道的鲜美与独特，厨师往往会根据季节、客人口味等将同一道菜做出不同的味道。

（二）西方饮食的烹饪方式简单

西方的饮食强调营养，保持食物的原汁原味，在饮食对象上较为单一，他们吃的目的在于生存与交往，因此他们的烹调程序往往按照一套标准来完成。

相比较而言，西方的菜谱整体上更为精确、科学，调料的添加、烹饪的时间都是有规定的，甚至他们厨房中都配有量杯、天平等，这样才能保证食物与配料添加的比例。正如肯德基、麦当劳，无论你在世界上哪一个地方吃，都会吃出差不多的味道，这是因为他们是严格按照通用的标准来烹饪的，做出的食物几乎保持了统一的味道。

三、中西饮食的搭配方式对比

（一）中国饮食讲究主副搭配

中国人饮食包含主食和副食，主食以粮食为主，如米、面等，副食以肉类、蔬菜制成的菜肴为主，且喜欢吃熟食、热食，不喜欢生吃蔬菜、肉类。每餐必须主副搭配，实现淀粉、肉类、蔬菜的融合，这在中国人眼中才能称得上一顿饭。主食是为了饱腹，副食是为了调剂和补充。在中医看来，生冷食物容易对体内脏器造成影响，因此中国人喜欢吃加热之后的食物。即便是冬日里饮酒，也喜欢温了之后再喝。

传统的中式早餐是包子、粥配小菜或豆浆配油条等。南方普通家庭的午餐、晚餐主要是大米饭，配有荤素的两菜一汤。

（二）西方饮食主要是以面包为主

西方的一日三餐几乎都有面包，即面包是主食，且多为咸面包，同时辅以冷饮。西方人的早餐往往是涂有奶油或果酱的烤面包，配以牛奶或燕麦粥；午餐往往非常简单，一般是一份加鸡蛋、蔬菜、奶酪、火腿等的三明治面包。另外，甜点也是西方人饮食的一部分，备受西方人喜爱。

如果是正餐，一般在主菜或者汤过后会配有甜点。面包一般随汤一起吃，甜点之后会是茶或咖啡。西式的主菜一般以蛋奶或肉类为主，有各种各样的熏鱼、牛排等，肉类一般为三五成熟，蔬菜多为生食，甜点也会包括冰激凌等生冷食物。

第三节　中西建筑文化对比

居住文化记录着一个民族与自然之间的关系历程，体现了该民族利用自然、改造自然的发展过程。因此，居住文化展现出广阔的适应性与强大的生命力，是民族历史的活化石。但中西方的居住文化也存在着明显的差异。

一、中西建筑的价值取向对比

（一）中国建筑推崇宫室本位

中华民族的思想源于对自然中山地日月草木的一种崇拜，其中畏天思想是非常突出的。对自然的崇拜最初的体现就是筑坛植树。后来，受古代思想的影响，道观、佛寺等纷纷出现，这也是对宫殿建筑的一种模仿。

宫室本位的建筑是中国建筑的主流，中国古代的君王号称“奉天承运”，具有绝对的权威性，因此享受无限的尊崇与至高的地位。天子除了对臣民有生杀予夺的权力外，最主要的还是对万事万物的负有责任。

（二）西方建筑推崇宗教本位

西方建筑追求宗教本位，英国伦敦的圣保罗大教堂就是最为典型的代表。教堂代表的是人们的精神，是神圣不可侵犯的。这种哥特式的教堂往往呈现灵动、奔放的力量，线条的直升、空间推移的奇突，光线的色彩斑斓等，形成一种“非人间”的境界，给人以神秘之感与冲力，将人的意念带到“天国”。

二、中西建筑的形态层次对比

（一）中国讲究对称、注重秀丽

中国建筑追求对称之美，也就是说其中轴线的设计是非常受欢迎的，这样的建筑格局呈现一种恢宏的气势，且从纵向看是层层相扣的。中轴线的旁边往往有一些次要的建筑，以构成对称。事实上，中国的这种审美风格是受中国政治文化与君臣文化影响的，暗示着中国对中庸、保守、和谐思想的推崇。

在特定空间环境内，中国的建筑往往以某一个核心建筑作为主体，向周边建筑拓展，然后再定位这些建筑的具体功能，形成建筑群，且在轴线上也是对称的，保持一种完整性。

另外，在中国的建筑中，院落是其中的主体元素，无论是官家的轴线院落还是园林的错落，院落都是其最好的呈现。建筑中的院落空间是围合状态下的封闭空间。院落居于主体，周围以院落为中心来布置，体现的是一种表意的精神层面。

（二）西方讲究追求形式、注重几何

西方建筑注重灵活多样，追求形式之美，以及外在景象带给人的感受。西方古典建筑多呈现几何图形，非常壮观与大气。虽然经过了历史的变革，但是各个历史阶段都有着各自的特点，如哥特式建筑与巴洛克式建筑很容易区分开来。

可见，西方建筑文化是明确的、理性的，人们认为一切事物的根本标准就在于数，在比例上体现了明确的数理文化。

另外，在西方建筑中，广场是最具有特色的，与其他形式的建筑紧密结合，充分与城市环境相融合，是西方开放性文化传统的体现。西方的每一个大城市的建筑几乎都以广场作为空间标志，周边以不同功能的建筑环绕，体现出广场空间的主导地位。

三、中西重要建筑对比

（一）中国的重要建筑

1.丰富多彩的民居建筑

中国有着众多的民族、广阔的地域，传统民居丰富多样、种类繁多。

（1）北京四合院

在中国古代的民居建筑中，北京四合院是最为典型的，这种建筑风格与我国的宗族制度相关，也体现出封建社会的家庭等级制度，是中国古代文化的代表形式。

四合院的种类很多，到了明清时期，无论是材料的选择还是结构的布局，都已经固定成型。由于不同家族等级不同，拥有财富的多少也不同，因此四合院的大小也存在差异。

一般来说，北京四合院为三进四合院，这是最为典型的制式，这种建筑以一条严密的南北向的中轴线为中心，宅院的门大多位于东南角，有“紫气东来”的意味。进入一个宅院，迎面呈现的是一面影壁，且配有砖雕等饰物，旁边以盆栽花卉环绕，给人以家族兴旺的感觉。就空间艺术上说，“转弯抹角”是对宅院的一种含蓄的描述，因为转弯的目的是防止“煞气”的进入，也有保护隐私的作用。

进入宅院，一进院一般比较狭小，南侧为一排朝北的房子，为“倒座房”，一般供仆人使用，也可以留客过夜。除了用来住宿外，这些房子也可以放置杂物。小院北边有一堵墙，正中有一扇垂花门，门内为主院，也叫二进院、二院，院内有一定的草木花卉。主院一般坐北朝南，最大的一间为家主的房间，旁边配有书房、客厅等，两侧还有小跨院、厢房，用于晚辈的住处、小客厅、小书房等。在各个院落的连接处有廊道，即便雨天也不会淋湿。

正房之后还有小院，有一排罩房，为女佣的住所以及库房。整座院落的外围都是封闭的，以保证安全和宁静。这符合古代的礼数，妇女不能随便到外院，客人也不可以随便进入内院。

另外，室内门窗、檐柱等配有各种饰品，这些饰品主要是保证室内的空间具有丰富的层次。

（2）江南水乡民居

送人游吴

唐·杜荀鹤

君到姑苏见，人家尽枕河。

古宫闲地少，水港小桥多。

夜市卖菱藕，春船载绮罗。

遥知未眠月，乡思在渔歌。

这首诗是对江南水乡风光的描述。江南，又可以称为“江东”，指的是长三角、钱塘江一带，也是中国著名的鱼米之乡。江南气候宜人，有很多人文景观，尤其是绍兴、苏州更甚。

陈宅是苏州著名的民居，这座住宅的基本结构类似于北京的四合院，也呈现中轴线的设置。大门进去之后，正对面为轿厅，这是一进院落。转弯入内院为二进院落，然后三进院落，有小院和东西披屋，后面为最后一进院落。这样共四进院落，东边可以称为“避弄”，每一个院落都有一个小门，“避弄”不仅可以直达整个院子的后门，还可以直通边门，这样的设计是非常方便的。当然，从实用角度来说，“避弄”的设计主要是为了防火与避客，每逢家中有宾客到来时，家里的妇人是需要躲避的。

陈宅的两侧有河流，西南角有小桥流水，这是江南水乡的典型体现。

（3）四川民居

四川、重庆及周边地区，在古代称为“巴蜀”，巴山巫峡，地势较为险峻，高低起伏，因此这一代的建筑都是考虑地势而兴建起来的，呈现高低错落之感，其中最具有代表性的就是吊脚楼。所谓吊脚楼，即在坡地上兴建房屋，用悬挑的方式加大进深之处，一半在坡地上，一半悬挑出平面，是一个双层楼房。

四川盆地地势较为平坦，民居的形式与长江中下游地区没有多大的差别。但是，特殊之处在于四川人喜欢用天井的数量对规模加以计算，某一家只要说出需要几口天井，那么就可以看出这家人口的多寡以及家业是否雄厚。

综合来说，四川民居与地势有着密切的关系，因此建筑方式也大体可以分为如下六种。

第一，“台”，用于坡度陡峭的地方，如同梯田一样，将坡面层层剖开，进而一层层升高，形成广阔的平台，在平台上建筑房屋，一个平台一进院。这一建筑形式在四川地区较为普遍。

第二，“挑”，即用于地形狭窄的地方，在楼层处兴建挑楼式的挑廊，用于扩大室内的空间。一般来说，这种住宅形式在城镇沿街较多。

第三，“拖”，即用于地形较为平坦的地方，将建筑物按照垂直于等高线的方向来建造，这一做法适合建造厢房，屋顶也呈现阶梯形状，显得更为美观。

第四，“坡”，即房屋按照垂直于等高线的方向顺坡度来建造，但坡度比上面一种方式更为平缓，屋面给人一种整齐之感。

第五，“梭”，即房屋的屋顶向后方拉长，形成前面高、后面低的情况，多用于厢房的建设。这一部分建筑多用于堆放杂物或者饲养牲畜。

第六“吊”，就是前面我们所说的吊脚楼。

2.城市的文化品位

城市最早形成于夏朝时期，因此这里所说的城市也是古代的城市。

（1）北宋都城东京

“东京”就是今天的开封，开封有着悠久的历史，很多朝代都在此建造都城。

公元前4世纪，魏惠王迁都大梁（即今开封），魏灭亡之后，此处开始衰落，直到隋代，由于运河的开凿，这座城池又开始繁荣起来。唐代安史之乱中，长安、洛阳受到破坏，而开封则得到进一步的发展。除了后唐，“五代”中的其他四代都建都开封，这时候已经称为“东京”。

北宋开国的初期，关于建都问题，一些大臣有过争论。很多人主张建都洛阳，但是当时的洛阳已经残破不堪，因此不得不建都开封。由于开封没有险要地势守护，因此朝廷对于城防工程非常看重。中心为皇城，是皇帝理政与生活的地方，周围城墙十分坚固，用砖石砌成。

在皇城之外有内城，内城中除了有政府机构，还有酒楼、商店、庙宇、住宅等，是十分繁华的地方。外城的街道布局以宫城作为中心，构成辐射式与方格式的结构。城四周有河道，是主要的交通与商业贸易区，可用于饮水与游览。

（2）明清时代北京城

在元代，北京称为“大都”，后朱元璋在南京建都，大都因此改名为“北平”，明成祖朱棣夺取政权，将“北平”改为“北京”，并将都城迁至此。清兵入关之后，仍旧将北京作为都城。

在明清时期，北京城分为三重：皇城、内城、外城，皇城中包含紫禁城。皇城位于内城的中间靠南的一侧，南部有大明门，两角有长安左门与长安右门。东部有T型广场，设置有礼部、吏部、户部等中央机关。西部有总督府、太常寺等。北部为皇城的正门承天门，清朝称为“天安门”。天安门前面有金水桥、华表石狮等装饰。

北京城布局非常严谨，体现横平竖直的理念，东西大道与南北大道交错呈现，中间有胡同连接，交通非常方便。北京皇城雄伟壮观，高低错落有致，给人以繁荣有序、金碧辉煌之感。

3.典雅秀美的园林艺术

中国有着典雅优美的园林艺术，起始于西周时期，之后各个朝代对于园林建筑都非常重视。到了明清时期，园林建筑艺术水平达到顶峰，呈现的是一种人与自然和谐的韵味。

（1）皇家园林中的瑰宝——颐和园

在我国的皇家园林中，颐和园是最具有代表性的一处，且被保存得很好。颐和园建造的地方在金代是皇帝的行宫，到了明代建设为皇家园林。

颐和园的规模巨大，面积为290公顷，且一半以上为水面，陆地既包含平地，也包含山地，万寿山为颐和园的主峰。在颐和园内有四个景区。

其一，朝廷宫室。主殿为仁寿殿，主要用于皇帝处理政事、召见臣子，以及居住。

其二,万寿山前面部分，有“世界第一廊”的长廊，枋梁绘有彩画。

其三,万寿山后面山区部分，其最高的建筑是佛香阁，也是颐和园的主要景点。

其四，湖区，包含昆明湖、西湖、南湖等，面积占全园的3/4。其中著名的还有十七孔桥、八角亭、龙王庙等。湖区的自然风韵，彰显了帝王家的气息。

（2）私家园林中的璀璨明珠——苏州拙政园

拙政园位于苏州的东北方向，建造于明朝，是御史王献臣的私家园林。从私家园林的角度说，苏州拙政园是面积最大的，主要以水景为主，园内多有水池，楼台亭榭居多，给人以明晦之感。

拙政园以水景为主要核心，分为三个部分：东部、中部、西部。中部园区为整个拙政园的主体部分，水面约占1/3，构造主要围绕池水，水池的南侧有楼台亭阁，北侧有林木山水，入口处在中部园区的东侧，称为“东半亭”，亭子的前面有小石桥，是明代遗留下来的，经过小石桥不远处，为拙政园的主体建筑——远香堂，四周以圃廊环绕，给人以错落有致的感觉。在远香堂的北部有石头铺成的平台，水池中间有用土石垒成的小岛，这种山水交融的手法非常独特。远香堂的西部有四面亭，四周有荷花环绕，到了仲夏季节，柳树随风摇曳，荷花绽放，清香四溢。亭子有六角，为攒尖式，给人以空灵之感。树池的南面有一旱船，形式类似于画舫，后舱建有阁楼，可以观看整个拙政园的景色。

（二）西方的重要建筑

1.古希腊建筑的辉煌创造——帕提侬神庙

帕提侬神庙修建于公元前447年，是一座长方形形状的庙宇，外面竖立着雅典娜女神铜像，曾是雅典城最高的标志。但是，现在这座铜像已经不复存在。

整个帕提侬神庙采用的是围柱式的结构，四周有17根主柱，庙宇长70米、宽31米，与黄金分割的审美标准是相符的。同时，庙宇以白色大理石作为建筑材料，用镀金青铜作为建筑的装饰物，给人以高贵华丽之感。

帕提侬神庙的全部雕塑一共包含三个部分。

第一部分为人字墙上的雕像，位于东西两角，以浮雕相衬。

第二部分为雅典娜与波塞冬争夺雅典保护神之位的雕像。

第三部分为“命运三女神”雕像，其以生动的姿态、富有生命力的躯体，给人一种血液流动的感觉，也表现出雕塑家对人体的了解与精湛的技术。

2.哥特式建筑的典范——巴黎圣母院

巴黎圣母院是哥特式建筑的典范，是最具有艺术价值的一座教堂。整座教堂的墙壁、窗棂等都是用石头雕刻而成的。

巴黎圣母院由三座殿堂构成。正面的建筑从上到下可以划分为三层，在顶部有两座钟楼相对称。其中的浮雕都取材于《圣经》中的故事。

巴黎圣母院最精彩的部分是屋顶、塔楼与飞扶壁，其顶部多为尖塔式样，门窗为尖拱形，如同一个个直逼蓝天的箭头。内部的扶壁给人以灵巧之感。如果人站在里面，仰头会有一种腾空之感，如同进入天国一般。当阳光照射入内，室内光影柔和，俨然虚幻之境。

3.古典主义的杰作——凡尔赛宫

凡尔赛宫是17世纪古典主义的园林杰作，其原本为路易十三的猎庄，但经过不断的发展与后代人的建筑，现在成为西方世界最大的园林，也是古典主义的代表。

凡尔赛宫的中轴线长达3公里，西面是轴线式的设计，凸显层次性。道路呈网状，一座花园与宫殿的西墙贴近，中央设置一处水池，可以鲜明地映衬出宫殿的明丽色彩。在水池台地的南北，配有图案式的花坛，北侧的花坛之外设有喷泉小径，南侧的花坛之外设有台阶，台阶下有花圃，再外侧是一片湖，给人以开阔之感。

在水池台地之西，有一个圆形大水池，中间立着太阳神阿波罗母亲拉动纳的雕像，拉动纳一手护着阿波罗，一手为他遮挡喷泉水珠。在喷泉西部，有一块草地，两侧有白色石像，都塑有神话人物。石像之外被划分为12个区，每一个区包含一个主题。整体给人以幽静之感，展现出法国的浪漫情怀。

第四节　中西服饰文化对比

服饰是人们生活中不可或缺的一部分。最开始，服饰用于蔽体，随着社会的不断发展，服饰成为不同个体内在精神的呈现，还反映出一个国家、一个民族的人民生活水平。当今社会，服饰除了具有遮体、御寒等功能外，已成为社会身份与审美意趣的象征，而中西方服饰也体现出各自的特点。

一、中西服饰的着装取向对比

（一）中国服饰的保守取向

随着中国几千年的发展，在自我保守、稳定的情况下，儒家、道家理念相融合，成为中国古代哲学思想的主流。儒家以礼、德对服饰加以规范；道家认为，自然是人类最理想的状态，因此服饰也应该与自然相适应，展现出人与自然的和谐相融。在服饰设计上，人们主张对人体加以遮盖，不能炫耀自我或过度地表现个体。服装设计非常宽松，这样给人以无拘无束之感。

在中国传统家庭教育中，服装行为规范被认为是“修身”的一项内容，并对人们的着装生活产生了较大的影响。中国服装的遮体是严谨、一丝不苟的。

中国人对服饰非常注重，首先并不是为了表现漂亮与舒服，更多的是为了表现合乎礼仪，即不仅要合乎身份，还要合乎场合。在古代的服饰制度中，对服饰的适用人群、款式、面料等都做了明确的规定。

在近代中国，中国国门被打开，引入了西方文化。受西方文化的影响，中国创造了中山装，这类服装具有西式男装的特点。中山装呈现的是中国人的端庄与含蓄，也是封闭、保守的体现。

（二）西方服饰的开放取向

西方人强调个性，对个性的推崇体现在服饰上就是夸大自然，强调人的特征。男士的服装将胸、肩部的宽阔凸显出来，也要凸显腿部的挺拔，这是男性风范的体现。女士的服装注重胸与臀的凸显，同时收紧腰身，体现了女性人体的魅力。

也就是说，西方人将自己看成世界的主宰，因此强调以自我为中心，在服饰上必然会彰显自我、展现个性。

二、中西服饰的色彩选择对比

（一）中国服饰多推崇黑色、黄色与红色

在上古时期，中国先人崇尚黑色，认为黑色是支配万物的天帝色彩。因此，夏商周时期，天子会选择黑色冕服。

之后，随着封建集权制度的确立，人们将崇尚黑色转向崇尚黄色，认为黄色代表着尊贵。到了汉朝，汉文帝将龙袍制成黄色，之后很快又改为红色。到了隋唐，又以黄色为贵。至宋代成为皇帝专用服色。

除了黑色与黄色外，中国人对红色也情有独钟，其带着喜庆、热情。传说结婚时，新郎新娘的衣服也会选择红色，代表的是吉祥如意、红红火火。

（二）西方服饰多推崇白色与紫色

在古罗马时期，西方人推崇白色与紫色。在西方人眼里，白色象征纯洁、高雅、正直、无邪。结婚时，婚纱的颜色会选择白色。

另外，除了白色外，紫色也是西方人崇尚的颜色，一般被西方贵族所钟爱。

三、中西服饰的审美基调对比

（一）中国服饰的“逍遥”审美

在中国古代的服饰中，“逍遥”是“气”的自由表达与精神传达，服饰的逍遥美与中国的“气”是关联在一起的。在中国古代文化中，仁、义、礼、智是人的本性，而人与制度达到完全契合时就会形成一种“随心所欲”之感，即所谓的自由。

儒家思想认为，争是违背礼法的。道家也认为，人的美好是本性的美好，不需要外在来进行掩饰，只要保持内心的气、意、神的结合，就能够实现人与自然的合一，达到一种超脱自然的逍遥姿态。因此，这种“逍遥美”就是中国服饰的审美基调，也是以后中国服饰的一种审美走向。

中国服饰有着宽大的袖子与衣襟，并灌注了“气”的精神，因此显得更为逍遥。中国历史上的着装大都体现了这一特点，也是大胆开放逍遥之风的呈现。

在中国近代服饰上，虽然独创的风格很少，但是这种逍遥之风仍然存在于人们的穿着与审美之中。

（二）西方服饰的“荒诞”审美

在西方人眼里，“荒诞”是一种与传统审美标准不符的形式表现。与中国的和谐相比，“荒诞”的出现是出人意料的。更确切地说，“荒诞”与和谐是相对立的。和谐是美的最佳形态，是人们对服饰的一种永恒的审美追求。荒诞的成因主要有两点：一是随着历史的发展，和谐逐渐过渡到荒诞；二是荒诞满足了西方审美追求向前发展的需要。具体来说，西方在对和谐进行追求的过程中走入了山重水复的境地，这时需要一种新的表现形式，而荒诞恰好就是这样一种形式。

西方服饰的荒诞审美从哥特时期就已经出现了，之后的文艺复兴、洛可可等风格也是荒诞的表现。但是，真正将荒诞视作一种美来呈现，还是在美学上的存在主义出现之后。荒诞是一种为了表现而表现的意识，其中加入了很多形式美的要素。

20世纪60年代以来，男士对服饰风格的追求不再是阳刚与英挺，而是柔性与颓废。20世纪70年代，叛逆风格的“朋克风貌”“海盗服”等应运而生，这是对传统服饰风格的一种冲击。事实上，这些造型与款式都是荒诞意识的代表，也不经意地利用了视觉与错觉，进行了各种形式的创造，在荒诞中彰显一种可爱的味道。

20世纪80年代的服饰中，后现代主义风格将冲突、凌乱、反讽等作为主题，出现了文身风潮、颓废造型等。20世纪90年代，受多元化与国际化的影响，服饰的荒诞风格也呈现了多元化。荒诞的风格也越来越成熟，并融入了各种形式的美。

总之，在近现代，西方的荒诞审美的出现是和谐的一种走向，这种风格是这一时代的代表与潮流。现如今，这种形式并未被废弃，而是不断出现各种新的形式。

四、中西服饰的造型风格对比

（一）中国服饰的造型风格较稳定

中国的传统服饰历史非常悠久，但是由于古代交通比较闭塞，加上农业文明的束缚，中国传统服饰变化较小。我们的祖先创造了宽衣服饰文化，这一服饰特色在古代流传，但并未改变形制。

中国服饰文化属于单源性文化，历史久远。早在尧舜时期，中华民族就已经开始采用上衣下裳的服饰形制，这可以从一些出土的文物中看出来。具体来说，上衣一定要超过膝盖，衣襟相交叠，形成交叉的领口，腰间用带子系上，下身则穿着围裳。

从原始社会到现代，中国经历了多个朝代，但服饰形制的独特性没有发生改变。在漫长的历史长河中，中国文化“在一成不变的宇宙观，不变的政治制度，不变的伦理信条，不变的人生理想中，毫无间断地延续下来”[①]。在这一情况下，中国服饰文化也就彰显不出创新性，呈现更多的是连续性与继承性。

综合来看，中国的服饰历史从商朝上衣下裳的服饰形制，到周朝上下衣连在一起的深衣的出现，是服饰制式的一次改变；战国时期，赵武灵王为了适应山地骑兵的作战需要，引入了胡服来代替以前的宽衣袍带式服饰，这是一次重大变革，但是并未推及中原地区。

从秦汉开始，中国的服饰形制基本上并没有什么大的改变，男子着袍衫，女子着襦裙，并在之后的各个朝代都有所沿用。虽然一些少数民族服装的融合使得服饰形制发生了些许局部改变，但是整体并未有较大变化。

（二）西方服饰的造型风格多变

从形制方面来看，西方的服饰文化是多源性的。

早在公元前3500年左右，苏美尔人就已经学会了使用羊毛纤维织物包缠在人体上，是西方最早的服饰。

受到气候因素的影响和制约，古埃及人着装很少，底层的人往往用简单的布料将下身缠绕，形成围裙，有的甚至完全处于裸体状态。

在公元前1750至公元前1450年的300百年时间里，地中海东部的克里特岛上的米诺斯文明进入了鼎盛时期，那时女子的服饰是露胸的紧身长袍，配以荷叶边状多层下摆重叠的喇叭裙，造型精致典雅。

公元前1200年，巴尔干半岛西北伊利里亚的多利安人日渐壮大，他们集结兵力向南入侵，将披挂包缠的服饰风格带到那里。

当时的服饰还没有结构制式，仅仅是从身高来断定的，以不同的方法缠绕在人们的身上，形成不同的穿衣风格。

东罗马帝国逐渐壮大之后，受东方的影响，人们的穿着不再暴露，无论男女都穿着宽松略肥的“突尼卡”，能够严密地遮挡自己的身体，不显现人

① 陈坤林，何强. 中西文化比较 [M]. 北京：国防工业出版社，2010：228.

体的线条，因此实现了形式与内容的统一。

文艺复兴时期，人们倡导追求个性与自由，打破封建神学的束缚，开始崇尚天国与人世间的幸福，人们的服饰也发生了改变，呈现多样化，色彩非常丰富与显眼，这是对人体着装美新的体现。

由于资本主义发展的不平衡，近代欧洲的政治中心并不是固定的，而是在不断发生转移，服饰文化也随着不断发生改变。16世纪下半叶，西班牙成为霸主，因此西班牙的服饰成为欧洲时尚的代表。17世纪上半叶，荷兰经济蓬勃发展，建立了第一个资产阶级共和国，逐渐成为欧洲霸主。当时荷兰的服饰主要倾向于舒适与自然，将夸张与僵硬的西班牙服饰造型取代，引领了欧洲潮流。17世纪下半叶，法国逐渐崛起，使欧洲的文化中心转移至此，服饰文化中心地位也逐渐在欧洲确立起来。法国的服饰追求华丽与结构造作，推崇巴洛克风格，一直到18世纪上半叶，才被洛可可风格取代。18世纪下半叶，新的古典主义风格诞生，并逐渐引领了欧洲的服饰时尚。19世纪，新艺术风格影响了欧洲的服饰时尚。①

从西方服饰的发展可以看出，服装中心在不断地发生改变，形式上也出现了更迭的局面，这与当时的时代特征是相符的。但是不难看出，服饰的更新速度较快，交替较为频繁。

五、中西重要服饰对比

（一）唐装与西装

1.唐装

有人将唐装界定为唐朝服装，但是很多专家认为，唐装并不是唐朝的服

① 陈坤林，何强. 中西文化比较 [M]. 北京：国防工业出版社，2010：226-227.

装。现如今，“唐装”仅仅是一个泛化的称呼，代表的是中国所有的传统特色服装，因此不仅仅是“唐朝服装”。

唐装习惯用图案来代表吉祥，有的配有飞禽走兽，有的配有四季花卉，有的配有几何纹样，有的彰显抽象，有的彰显夸张，不过都是为了抒发自己的情感。

1.西装

17世纪，西装在欧洲诞生，如今已经成为男士出席各种场合的日常服装。西装备受欢迎，且经久不衰，主要是因为其端庄、正式的特征，且不论什么年龄的人都适合。另外，西装流行开来还有一个重要原因是它有着丰富的文化底蕴。

在路易十四时代，衣长到膝盖的“究斯特科尔”、比其略短的“贝斯特”、紧身合体的“克尤罗特”一起登上服饰界的舞台，并构成了西装的基本样式。究斯特科尔前襟不扣起来，扣子也一般扣腰围线上下部分，这就是现代的单排扣西装的前身。

西装的面料、色彩等与唐装存在差异，在面料上，古代欧洲往往选择亚麻布或半毛织物。自欧洲文艺复兴以来，人们开始追求奢华，很多衣服配有明亮的颜色，如法国崇尚丁香色、天蓝色等，西班牙人崇尚银灰色等。

（二）旗袍与西式长裙

1.旗袍

清朝的旗袍主要是为了对身体进行掩盖，因此腰身比较平直且宽松，有着宽大的袖口，衣长直至脚踝。

现代意义上的旗袍是在20世纪初出现的，到了三四十年代成为当时中国女性颇具代表性的服装。当时，上海地区对西方生活方式有所崇尚，因此对旗袍进行改良，从对身体曲线的掩盖转变为对女性美的彰显，使旗袍脱离了旧俗模式，成为当时女性的国服。

20世纪30年代，受西方短裙的影响，中国的旗袍的长度缩短，也缩小了袖口，与身体更为贴合。到了20世纪30年代中期，旗袍又增加了长度，但是两边开衩，紧贴腰身等特点未变，显示出女性的身体美。现如今的旗袍增加了很多现代设计元素，尤其是下摆的变化，选用的材料也多种多样。

在料子上，旗袍多选择绸缎类，这些料子本身是非常昂贵的，但穿起来非常舒适，尤其对于贴身的旗袍来说，更符合女性的肤感。当然，现如今的旗袍也有一些较便宜的材质，如混纺料，舒适度是差很多，但是做出的旗袍却非常挺，同时不容易出现褶皱，也成为女性的一种选择。

2.西式长裙

西式的长裙呈现的是女性的身材美。

长裙是新古典主义时期的代表性女装，那时女性多穿轻薄长裙，领口宽且低，腰线也提到胸下，这样可以凸显丰满的胸部，从腰线以下，裙子下垂，彰显舒畅的线条。

第五节　中西婚丧文化对比

在汉族民俗和日常交流中，“红白喜事”可谓一个使用频率较高的词。事实上，这一词是婚丧之事的别称。几乎每个民族都存在着相应的婚丧文化。多元的婚丧民俗也是各民族文化的有力体现，在全球化时代，对婚丧文化的对比进行分析，有利于更好地促进不同文化背景下人们的了解、沟通和交往。

一、中西婚礼过程的文化内涵对比

（一）中国婚礼过程

在中国文化中，举行婚礼有很多特别的习俗和传统。主要体现在以下几个方面。

（1）民间结婚日子的选择方面。一般而言，民间结婚的日子大多选择在秋冬时节。具体有如下三方面的原因。

①在秋冬时节，所有农事已基本上忙完，有更多的闲暇时间来筹备婚礼。

②在秋冬时节，天气状况适宜，结婚所需食物也大都保存良好并准备齐全。

③秋冬时节，新年已经临近，能增添结婚喜庆的气氛。

（2）我国是拥有多个少数民族的国家，不同的民族其结婚习俗也各具特色。例如，在西南的一些少数民族中，保留着一种“走婚”习俗，相互倾慕的男女方通过男到女家走婚的方式，维持感情与生养下一代。

（3）在汉族传统的婚礼过程方面，也有很多讲究和习俗。具体体现在如下方面。

①婚礼前一天或当天，女方有送嫁妆的习俗，一般都是女方的家属亲眷到男方家里送嫁妆，如被褥、柜箱、衣服、首饰等，用于新郎、新娘成家立室之用，这在南方被称为“铺房”。

②结婚当天，结婚双方家中张灯结彩，燃放鞭炮，摆宴席以招待亲朋好友。在亲朋好友的陪同下，新郎前往女方家中迎娶新娘。新娘出嫁时要精心打扮，如将发式梳为成年妇人型，并且有遮面的风俗，这种习俗始于汉魏时期，遮面所使用的红巾被称为“红盖头”。

③新娘上花轿之前，会在花轿的里外撒上一些谷子和豆子。此行为始于两宋时期，是为了辟邪消灾。上花轿时喜娘的双脚不能沾地，会请其父亲或兄长将其背入花轿。

④部分地区还有喜娘入门后传递布袋的习俗，寓意为“传宗接代”。还

有的地区新娘进入男方家中时要跨过马鞍，“鞍”与“安”谐音，期望以后的日子能过得“安安稳稳”。

⑤进入婆家之后，新娘将会与新郎举行隆重的拜堂仪式，俗称“拜天地”。具体程序为：拜天地，男女结合延续后代，应该拜天神地祇；拜高堂，女方嫁入男方，成为男方家中的一员，所以要向男方长辈行礼；夫妻对拜。在有些地区，新郎和新娘还要拜自己的亲朋好友以及列祖列宗。

⑥拜堂结束后，新郎、新娘同牵“同心结”进入洞房。入洞房之前，由亲属中长辈妇女选一名人，手执盛枣、栗子、花生等的托盘，走进洞房，并把这些果子撒向寝帐，同时还要吟唱“撒帐歌”。其中，“枣”寓意“早生贵子”；栗子是“立子”或“娓子”的谐音；花生的寓意是“早得贵子”“儿女双全”。

⑦撒帐结束后，新郎、新娘进入洞房，喝交杯酒。

⑧中国很多地区在新婚之夜都有“闹洞房”的习俗。通常，闹洞房的人多是男方的亲密朋友以及邻里小伙，他们通常会出一些题目来难为新郎新娘。例如，让新郎新娘同吃一个用红线拴起的糖果。

⑨新婚第二天到来之际，一对新人要拜见本家长辈。婚后第三天，新郎偕同新娘去岳父家，俗称“回门”。此时，女方家会大摆筵席，招待亲朋好友。

至此，婚礼环节基本完毕。

（二）西方婚礼过程

在西方文化中，举行婚礼有其固有的习俗和传统。主要体现在以下几个方面。

（1）年轻男女在婚礼之前通常会举行较为正式的订婚仪式。订婚仪式结束后，新娘的父母会发一些邀请信来通知双方的亲朋好友，收到邀请的人要回函表示祝贺并开始准备贺礼。若有特殊情况不能参加应回函表示歉意。

（2）西方国家婚礼的举办场所一般在教堂。主要是出于信仰并认为教堂是神圣之地。参加婚礼的除了新郎和新娘的亲朋好友外，还有主婚牧师。婚礼上新娘一般穿着白色婚纱，象征着洁白无瑕。

三、中西丧葬文化对比

（一）中西丧葬服饰对比

在丧葬服饰方面，中西也存在很大的不同，尤其是服饰颜色方面，有着不同的寓意和内涵。

目前很多中国葬礼中，尤其是城市中的葬礼，很少看见大规模的披麻戴孝，大多是在袖子上戴上黑纱，但是通常都会在黑纱上和牌徽上都写着一个“孝”字，因为孝是中华民族特有的伦理概念。这很好地体现了中西文化的交流与融合。

在西方丧葬文化中，葬礼的主色调为黑色。黑色代表庄重、肃穆，也常常与黑暗、恐怖等相联系。相比之下，传统的汉民族的葬礼通常要披麻戴孝，以白色为主色调。

（二）中西丧葬氛围对比

在丧葬氛围方面，中西方也存在着诸多不同，主要体现在中国丧葬氛围的“闹”和西方丧葬氛围的“静”。

在中国传统葬礼文化中，亲属们为了表达对逝者的留恋通常会大声哭喊。出殡是整个葬礼的高潮，是指在第3天或第5天把死者送到坟墓埋葬的整个过程。在此之前，家属将死者入棺，并在棺材前面摆放着各种贡品，同时在户外搭起灵棚，举行一些悼念活动，如要狮子，唱大戏、演奏锣鼓唢呐等。出殡第二天清晨，有圆坟的习俗。

在西方葬礼文化中，“静”是其最为主要的氛围特点。对于西方葬礼而言，无论是在送葬的路上还是下葬时，亲友们不能大声哭闹，只能默默哭泣流泪，这是为了不打扰死者的灵魂，让灵魂能够安息。

（三）中西丧葬用具对比

中西丧葬用具也存在着诸多差异，具体有如下体现。

在中国传统丧葬文化中，寿衣、纸制物品等都是传统葬礼所涉及的用具。

（1）寿衣。中国人死后，穿寿衣、戴帽穿鞋是必不可少的，通常寿衣的面为锦缎，里为棉衣，这是因为中国受佛教、道教思想的影响，认为人死后要去的阴间阴冷潮湿。给死者穿戴整齐不仅是为了防止饱受阴间的严寒，还是为了让死者走得“圆满”。

（2）纸质物品。在中国的葬礼中，用的各种各样的物品多是由纸制成。因为所有的这些物品最终是要烧掉来达到沟通阴阳两界的目的。冥币（纸钱）、幡（招魂的工具）、雪柳（模仿“黑白无常”手里的道具[①]）、纸马车都与佛教、道教文化有密切的关系。

在西方，葬礼用具主要有圣水、十字架、蜡烛等，这些都与宗教活动有着密切的关系。西方的丧葬用具的具体分析如下。

（1）十字架。《圣经》中，耶稣为了拯救人类，宁愿被钉死在十字架上，为人类赎罪，受这一宗教文化的影响，西方人将十字架看作拯救人类灵魂的工具。人们相信十字架可以去除邪恶。十字架在公墓和丧礼上广为使用，是人们最熟悉的一种基督文化意象。

（2）圣水。水在基督教文化中是一种十分重要的意象。西方人认为人类带着罪恶来到世界上。若要消除原罪，则需要接受圣水的洗礼。可见，水在西方文化中被赋予了清除罪恶、净化心灵的神学意义。圣水在西方的葬礼中也起着重要的作用。在葬礼中，人们将圣水洒向灵柩。

（3）蜡烛。在西方葬礼中，蜡烛既象征着火，又象征着光明。火也被赋予了消除罪恶、净化心灵的神学意义。人们认为人死后要与光在一起，才能不被地狱的阴影所包围，从而升入光明的天堂。因此，在西方的葬礼上，为了不让死者躺在黑暗里，人们通常会在停放灵柩的房间内点上蜡烛。

① 汪德华. 中国与英美国家习俗文化比较 [M]. 杭州：浙江大学出版社，2011：173.

第七章

全球化视阈下的中西社交文化对比

在人类进行语言交际的过程中，称谓语、委婉语、禁忌语不仅是社会文化的表达，而且也是语言交际能力的重要标志，普遍存在于不同的文化中。同时，由于英汉文化差异的存在，两种语言在称谓语、委婉语、禁忌语的使用方面也存在着诸多差异。本章将主要结合中西称谓语、委婉语、禁忌语进行对比研究。

第一节　中西称谓语文化对比

一、中西职务称谓文化对比

中国文化中存在着很多的职务称谓，无论职务高低，几乎都有专门的称谓，并且分类具细。从整体来看，都是一个词对应一个职务。很少使用模糊的泛用词语。例如，学校校长通常用“姓+校长”，科室主任通常用“姓+主任”。

同时，对于机关单位中的职务称谓，就更为明确。诸如科长、部长、厅长、部长这些职务，通常都要一一对应清楚。如果误称、误用，很可能闹出笑话。同时，在中国各行各业中，职务称谓也得到了普遍应用，诸如律师、教师、会计、工程师等，都可以作为一个人的称呼用语。例如，我们经常听到的李会计、王律师、刘老师等。对于有些职业，虽然有其相应的专名，但在当面称呼时尽量不要直称专名。例如，饭馆里的服务生，如果直接称呼会给其不好的感觉。

在西方文化中，用职务对人称呼，仅限于高级官员。例如，官职称谓类的部长、总理、总统等；宗教领域内的宗教首领如主教、神父等。但是，在美国英语中，能用于称谓语的职务相对较少，并且相对比较模糊。例如，President可用于对以下四种进行称谓。

（1）大学校长。

（2）主席。

（3）总统。

（4）银行行长。

又如，Director这一称谓的使用范围更为广泛，类似于汉语中的以下几种称谓。

（1）总监。

（2）主任。

（3）局长。

（4）处长。

（5）署长。

同时，西方职业称谓仅有极少数头衔或职业能用于称呼。例如，可对医生或有博士学位的人进行如下称呼：

Doctor+Second name/full name

按照这一称谓公式，比尔博士的英语对应称呼就是Doctor Bill.

在军衔、职称、学位等方面，中西方这两种语言还是存在很多共同之处。具体体现在以下几点。

（1）通常都将职位或高级职称当作称谓。例如，博士（doctor）。

（2）比较低的一些职位都不被用作称谓。例如，助教、讲师以及学位比较低的学士、硕士等。

（3）在军衔方面，大多采用国际通用的尉、校、将这三个大等级以及十个小等级，可直接加上姓名作称谓。

二、中西称谓认知理念对比

（一）中国文化中的称谓认知理念

从称谓认知理念来看，中国文化中以职务相称非常普遍并且很流行。这在很大程度上是因为通过这些职位称呼来体现出人们之间相互尊敬的意识。事实上，职务就是所谓的“官职”，这种官本位观念在大众心中根深蒂固。汉民族的称谓文化也在很大程度上受到儒家文化的影响，自古以来，就有“名不正则言不顺”这一说法，并且这些对我们汉民族的文化、政治产生了非常大的影响。

（二）西方文化中的称谓认知理念

在西方文化中，社会也普遍存在崇尚平等、个性自由的理念。西方民族经历封建等级社会的时间相对比汉民族短，因而在受到等级制度影响较小。相比之下，民主与自由的思想观念在他们心中已经扎根，并且受到宗教文化影响比较深，因而，西方文化中人们的称谓文化体现出比较明显的崇尚平等、自由的理念。

三、中西亲属称谓的对比

从整体而言，中西方亲属称谓差异非常明显，主要表现为中国称谓叙述式和西方的类分式。下面就对这两大特点进行具体分析。

在中国称谓文化中，其显著的叙述式特点是对几千年来亲族民俗“九族五服制”的继承，不仅包括由血缘关系发展来的血亲及其配偶系统，而且还包括由婚姻关系发展来的姻亲及其配偶系统。亲属称谓整体上呈现出了详细、错综复杂的特点，同时还对父系、母系亲族，直系、旁系亲族进行了严格的区分，并标明了尊卑辈分和长幼顺序。

西方文化下的亲属称谓则表现出显著的类分式的特点。具体指的是以父辈对家庭成员进行分类，所承认的血缘也有以下五种基本形式：父母、子女、祖父母、孙儿孙女、兄弟姐妹。在此五种等级中，第一等级包括自己，兄弟姐妹以及种种从表兄妹姊妹之属。第二等级包括父母及其兄弟姐妹和种种从表兄姊妹之属。第三等级包括祖父母及其种种从表兄弟姊妹之属；第四等级包括儿女以及他们种种从表兄弟姊妹之属。根据这五种等级，父母、子女、祖父母、孙儿孙女、兄弟姐妹都有具体称谓，其他亲属没有更精确的称谓。例如，父母这一等级中，父亲被称为father，母亲称为mother，父母的兄弟和种种从表兄一律称uncle，除此之外，此称谓还包括中国亲属称谓中的姑父、姨夫。可见，西方亲属称谓系统并不标明亲属是父系或母系、直系或旁系，更不区分亲族的排列顺序，它以辈分为标记对亲缘关系进行区分。

四、中西泛亲属称谓对比

在中国文化中，还有一些亲属称谓可用于非亲属的关系。通常用这种相对比较特殊的亲属称谓语来表示说话者对对方的亲近与尊敬。例如，如果遇到一位年长的、不熟悉的妇女就可对其如此称谓：大妈、阿姨、奶奶。然而，在西方文化中，这种称谓方式通常情况下不太妥当。英美国家中，一些小孩子往往会对其父母的密友称呼为Aunt或Uncle，在成年人之间，很少如此称呼。

此外，还存在着一种现象，中国文化中为了表达对某人的亲切或尊敬，用“姓或者名+哥（姐）”对别人进行称呼。例如，王姐、强哥等，西方文化中不存在这一现象。

第二节　中西委婉语文化对比

委婉语是一种较为普遍的文化现象，当人们谈论某些令人尴尬或不快的事情时，通常会使用委婉语来表达。委婉语具有重要的交际和语用功能，以及独特的美学价值，重视对委婉语的研究有着重要的实践意义及现实意义。同时，对不同文化间委婉语的准确理解和有效运用既能避免令人难堪的事实，也能避免交际中的尴尬和唐突现象。英汉语言在许多方面有着共同的禁忌，如疾病、死亡、外交辞令等，但因文化的差异，即使在相同的领域也有着不同的表达，因此委婉语所承载的信息也就有所不同。

一、中西关于“职业”的委婉语对比

社会分工不同，导致了社会上有很多工种。中国有“劳心者治人，劳力者治于人”的说法。可见，不同的工种在人们心目中的地位也有所差别。随着社会文明的进步，人们开始越来越多地关注那些职业低微、社会地位低下的弱势人群，因而出现了大量关于职业的委婉语。委婉语的使用对象通常是那些地位较低、收入不高的职业者，这类委婉语通常有以下两种表达方式。

（1）通过含糊的说法使人们不能建立职业与其地位的直接联系。

（2）美化、拔高那些地位低微的职业。

下面将结合中西方关于“职业”委婉语的具体表述进行对比分析。

（一）中国关于“职业”的委婉语

中国古代将社会上的人、职业分为三教九流，这反映了人们对于各行各业的褒贬看法以及人们通过职业来判断一个人社会地位高低的现象。虽然中华人民共和国成立后，人们对于职业的褒贬不再那么明显，但仍未完全摆脱一些传统观念的影响。然而，社会分工是不分贵贱的，每一个分工都在为社会更加健康、良好发展作贡献，我们不应歧视任何职业，而应给予每个职业充分的肯定和尊重。因此，在谈论这些职业的时候就需使用一定的委婉语。下面介绍汉语中一些古今关于职业的委婉表达。例如：

“绿衣使者”邮递员旧称邮差。新时代对从事此项职业的人尊重，美称其为“绿衣使者”。因其工作服为绿色，故称。

“茶博士”：博士，是旧时对于手艺人的尊称，即多才多艺之人。茶博士，对茶馆服务员的美称。

“酒博士”：酒馆服务员的美称。

“伴当”：奴仆的婉称。仆人跟随主人，充当役使，故称。

“碧玉”：据《乐府诗集·吴声曲词·碧玉歌》，碧玉，本为汝南王妾名。后用作对女仆的雅称。

“吃劳金”：婉指当长工。劳金，佣金。

“吹箫”：婉指街头乞讨，亦指过着艰苦的流亡生活。

“打莲花落”：莲花落，旧时乞丐行乞时常唱的曲子，后以“打莲花落”婉指行乞。

“大师傅”：对厨师的美称。师傅，对有手艺的人的尊称。

“店都知”：旧时对店小二的美称。

“官身”：有官事在身。婉指官府的差役。

“黄门”：东汉时，给事内廷的黄门令、中黄门等皆由宦官充任，后以“黄门”为太监的婉称。

“青衣”：旧时婢女皆着青衣。后以“青衣”雅称侍女。

“秋娘”：唐代有杜秋娘，色艺双绝。唐代歌妓女伶多以“秋娘”为名，后以“秋娘”为歌妓的雅称。

“上人”：《释氏要览·称谓》称“内有德智，外有善行，在人之上，名上人”，用作对僧人的美称。

“讨口”：婉指讨饭。口，指糊口之粮。

“田公”：旧时对农民的美称。

“相公”：本是对有一定地位的年轻男子的称呼，方言中用作对学徒的美称。

“小怜”：北朝冯淑妃之名，能弹琵琶，善歌舞，后用作“歌女”的雅称。

“小玉”：传说中仙人的侍女名，后用作侍女的雅称。

“仙客”：“羽客”道家学仙，而传说中仙人长有羽翼，或说仙人穿羽衣，以“仙客”“羽客”美称道士。

“院公”：旧时称豪门贵族家中专管出入收发的仆役为“院子”，后以“院公”为对奴仆的尊称。

（二）西方关于“职业”的委婉语

在过去的西方，黑人、妇女、穷人等从事低微工作的人们受到“人权”“平等”思想的影响，通过各种运动、斗争，要求享受和白人、男人、富人同样的平等和人权。另外，某些特殊职业的特殊要求也决定了人们不便在公开场合直接谈论，因而逐渐出现了大量关于职业的委婉语。尽管对于从事低微职业的人而言，其社会地位并未得到改善，但从心理认识上获得了尊重；对于特殊职业而言，职业委婉语有助于人们更方便地谈论它们。下面我们就对体力工作者、脑力工作者、服务行业工作者、商人、警察和卧底这几类职业委婉语进行举例介绍。

（1）关于体力劳动者（blue-collar workers）的委婉语。如表7-1所示。

表7-1　关于体力劳动者的委婉语

英语	本义	委婉义
night man	夜间工作的人	淘粪工人、净厕人、环卫工人
janitor	看门人，门卫	（大楼的）看门清洁工
superintendent	指挥者、主管人	大楼清洁管理工、典狱长
tree surgeon	树医	修枝工、花木匠
garbologist	垃圾学专家	垃圾集运工
orderly	勤务员、勤杂工	街道清洁工、清道夫
sanitation engineer	公共卫生工程师，环卫师	垃圾集运工
dwelling engineer	住宅工程师	大楼勤杂工
packing engineer	包装工程师	包装运输工、装运工
moving consonant	（美）搬运顾问	家具搬运公司的估算工、搬运公司的估算工
heating engineer	供暖工程师	管道工、暖气工
telephone engineer	电话工程师	电话修理工
service salesman	服务售货员	加油站工人
pipe engineer	管道工程师	管子工、水管工

（2）关于脑力工作者（white-collar workers）的委婉语。例如：

publicity director（本义）公关人员；（委婉义）宣传员，广告员

publicity representative（美）（本义）宣传代表；（委婉义）公关人员

surrogate（本义）代理人；（委婉义）总统代言人，替身

understudy（本义）候补演奏员，替身；（委婉义）闲职演奏员，多余的演奏员

advertising executive（本义）广告工作者；（委婉义）广告员

attorney（本义）代理人；（委婉义）律师

bench（本义）席位；（委婉义）法官们

community（本义）团体；（委婉义）权力集团，当权派

counsel（本义）顾问；（委婉义）律师

educational engineer（本义）教育工程师；（委婉义）校长

public relations counsel（本义）公共关系顾问；（委婉义）宣传员，广告员，公关人员

（3）关于服务行业劳动者（service occupations）的委婉语。如表7-2所示。

表7-2　服务行业劳动者的委婉语

英语	本义	委婉义
bar clerk	酒吧职员	酒吧招待员
aisle manager	通道经理	百货商场的巡视员
mixologist	调酒学专家，调酒大师	酒吧招待员
taste technician	风雅技师	购衣参谋，服饰顾问
patron	资助人	顾客
woman surgeon	女外科医生	女宾理发师
indigenous personnel	当地人员	炊事兵
sales engineer	销售工程师	营业员
route salesman	专线售货员	送奶员
beverage host	招待饮料的主人	（佛罗里达州沃尔特迪斯尼乐园里的）酒吧招待员
brush salesman	精梳式营业员	挨门逐户兜售产品的推销员

（4）关于商人（merchants）的委婉语。例如：

furnitor（本义）家具提供者；（委婉义）家具商

mattress engineer（本义）床垫工程师；（委婉义）寝具制造商

meat technologist（本义）肉类技术专家；（委婉义）屠夫．肉商

recycler（本义）重新循环促进人，物品二次循环工作者；（委婉义）废

品商人，废旧杂品收购者

sleep engineer（本义）睡眠工程师；（委婉义）床具制造商

vision engineer（本义）视力工程师；（委婉义）眼镜商

（5）关于警察和卧底（policemen & secret service men）的委婉语。例如：

correctional officer（本义）教养院官员，教养官；（委婉义）狱警，监狱看守员

custodian of the law（本义）法律监管人；（委婉义）警察

law enforcement agent（本义）执法代理；（委婉义）警察

peace officer（本义）维护和平的官员；（委婉义）警察

state electrician（本义）州级电气技师；（委婉义）电椅操纵手（刽子手）

agent（本义）（官方）工作人员，（我方）工作人员；（委婉义）特务，间谍，地下工作者

confidential source（美）（本义）机密消息来源；（委婉义）告密者，眼线，密探

informant（本义）通知人，报告者，通报者；（委婉义）告密者，眼线，情报员

intelligence operative（美）（本义）情报工作人员；（委婉义）小报告，情报员

political monitor（美）（本义）政治监察人；（委婉义）小报告，情报员，告密者

undercover operator（美）（本义）秘密工作人员；（委婉义）小报告，情报员，告密者

二、中西关于“失业”的委婉语对比

失业是一件令人不快的事情，为了不刺激对方，人们也常常使用一些委婉语来表达失业。同时，失业还意味着经济来源的断绝。在言语活动中人们会使用关于失业的委婉语，给予对方关怀，避免直接戳到他人痛处。下面将

结合英汉两种语言中关于失业的委婉语进行对比分析。

（一）中国关于“失业”的委婉语

在中国古代，失业和官员有关，因此现代汉语中关于失业的词语大都源于古代官员的辞职、免职。常见的关于失业的委婉表达也有很多。例如：

“告养”：辞官的婉辞，意谓父母年高，告归奉养。

“挂冠”：冠冕为古代官宦所戴；挂冠，婉指辞免官职，今泛指辞职。

“避禄”：回避俸禄，婉指辞官。

“纳禄”：归还俸禄，婉指辞官。

“还笏”：笏，朝笏，古代大臣朝见君王时手执的板子；还笏，交还朝笏，婉指辞官。

“炒鱿鱼”：鱿鱼经炒后呈卷状，用以喻指“卷铺盖”，婉指解雇、被辞退。

“卷铺盖”：收起铺盖回去、婉指辞职或被解雇。

“解绶”：绶带，用以系官印或勋章一解绶，解去系官印之绶，婉指辞官，

“解剑”：剑为古代官员的配饰，故以“解剑”婉指辞官。

“解缨”：缨，系冠之带，古代官宦的冠饰；解缨，婉指辞官。

“乞养”：请求辞职的婉辞，意谓请准归家奉养父母。

“走路”：离开，婉言解聘、解雇。

“下岗”：婉指企业中劳动力多余而离开岗位，等待重新安排工作。

“下野”：野，与“朝”相对，下野指不在朝，旧时婉指当权者脱离政界。

“砸饭碗”：打碎饭碗，婉指失业。

近年来，用于表示没有工作的委婉说法也层出不穷，如“待岗”“下岗”“缓岗”等都是表示目前处于失业状态。最为诙谐的说法，“海归（龟）变海带”，其实是借谐音指代达到实效,“海带”在这里自然不是我们的食物，而是“海归派待业青年”。

（二）西方关于“失业”的委婉语

西方国家的社会竞争也普遍存在，失业现象也在所难免。关于“失业”的委婉语的运用不仅能美化失业这一现象，而且还能给失业者的心理带来莫大的慰藉。英语中较为常见的有关失业的委婉语的表述也有很多。例如：

将be fired（解雇）委婉地表述为be terminated（到期了），be selected out（被选掉了）

将unemployed（失业的）委婉地表述为unwaged（不发工资的）、the less fortunate（不太幸运的人）

将dole cheque（失业救济金）委婉地表述为unemployment benefit（失业津贴）

三、中西关于“贫穷”的委婉语对比

众所周知，贫富差距导致了阶级的产生，而上层社会的统治者占有着大量的资源、金钱、权力，统治着下层社会的贫苦民众。日常生活中，为了避免伤害贫穷者的自尊心或弱化贫穷这个概念本身的负面影响，人们常使用一些委婉的说法。

（一）中国关于“贫穷”的委婉语

中国人社会交际中有大量弱化贫穷含义的词语，委婉地表达关于贫穷的概念。下面介绍一些汉语中常见的表示贫穷的委婉语。例如：

“负翁”：负债累累的人。

“拮据”：本指操作劳苦，后引申为缺少钱财，经济窘迫的婉辞。

“揭不开锅”：婉指因贫穷而断炊。

“不发达”：婉指国家或地区相对较为贫穷。

“毕了”：婉指缺钱；毕，“瘪”的借音字；口袋空瘪，即无钱。

“草鞋亲”：婉称穷亲戚。穷人穿草鞋，故称。

“打饥荒”：饥荒，指经济困难，以“打饥荒”婉指借债。

“郊寒岛瘦”：唐代孟郊、贾岛之诗，风格清峭寒瘦，好作苦吟，后用以婉指寒酸相。

“买猪肝”：《后汉书·周燮黄宪等传序》：“（闵仲叔）客居安邑，老病家贫，不能得肉，日买猪肝一片，屠者或不肯与。”后以“买猪肝”婉指生活窘迫。

“囊中羞涩”：同“阮囊羞涩”，婉指经济拮据。

“青灯”：光线青荧的油灯，婉指孤寂、清苦的生活。

“手头不便”：手头，手中所有，指个人经济状况；婉指手边缺钱，经济拮据。

“踏菜园”：三国·魏·邯郸淳《笑林》：“有人常食蔬茹，忽食羊肉，梦五藏神曰：‘羊踏破菜园’。”后以“踏菜园”婉称生活清苦。

（二）西方关于“贫穷”的委婉语

贫穷（poverty）在英美人士看来是十分可怕的，贫穷意味着地位低下、被人看不起，因此人们通常会为掩饰自己贫困的窘相或为照顾贫困之人的面子而使用一定的委婉说法。下面介绍英语中一些常见的关于贫穷的委婉表达。例如：

indigent 匮乏的

needy 有需要的，匮乏的

to be hard up for money 缺钱

to be pinched 捏紧的

to be badly off 景况不好的

to be less well off 景况不太好的

to be down on one’s luck 时运不佳，背运

deprived 被剥夺了（他人享有的必要的）生活条件的，丧失了（良好）生活条件的

disadvantaged，culturally disadvantaged，socially disadvantaged 处于不利状况的，文化上处于劣势的，社会上处于不利地位的

in an awkward financial situation 经济状况窘迫的

in reduced circumstances 处于紧缩（开支）的状态的

underprivileged，negative privileged 享受权益（比大多数人）少的

委婉义指“穷人”的词语其本义如下：

the have-nots 没有财富的人

man of modest means 财产不多的人

negative saver 积蓄为负值的人，负值储户

四、中西关于“老年”的委婉语对比

年龄在中西方都是人们密切关注的话题。从某种意义上而言，“老之将至”意味着大限临近。年老体衰也让很多人难以接受。因而，英汉两种语言中都倾向于使用委婉语来体现对老年人的尊敬。下面将结合英汉语中关于老年人的委婉语表述进行具体分析。

（一）中国关于“老年”的委婉语

汉语中关于年龄的委婉语不及英美文化中丰富，在书面表达中通常有“鹤发”“华发”“夕阳红”“忘年交”等说法。

中国历来推崇和坚持尊老爱幼的传统美德，年长者的地位和权利一般也较高。虽然现代社会中很多打破了传统的四世同堂的传统家庭结构，但长辈仍是家庭的核心成员。很多中国老人以“老骥伏枥”“老当益壮”为荣，还有人对老人尊称为“老人家”“您老”等以表几分敬意。

此外，汉语中还用“老”字来表示资深历练的内涵。例如，老教授、老师傅、老革命等。将“老”作为对德高望重者的敬称，如张老、李老、刘老等，也是汉语中独有的表达。

当然，“老”字现在还被广泛应用于和传统意义有区别的表达中。例如，“老外”用于指外国人或外行人，“老编”指编辑等。在汉语家庭文化中，有时称“老妈”“老爸”“老姐”等以表亲昵。

（二）西方关于“老年”的委婉语

由于人口老龄化严重、社会安全和养老能力日益不足以及崇尚丁克式家庭结构等现象的日益凸显，英美国家的人对于年老颇为忌讳，甚至将老年人当作社会的累赘，尽量避免或杜绝使用“老年人”。英美国家对老年人、老年以及老了常用的委婉语有很多，较为常见的有以下几种情况。

（1）对于“老了”或“老年”的委婉表达。例如：

elderly（本义）年龄较大的，年长的；（委婉义）老的

senior citizens 年长公民

elder statesmen 政界元老 / 耆宿

adult（美）（本义）成年；（委婉义）老年

third age（本义）第三年龄；（委婉义）老年，晚年

to be advanced in age（本义）年岁上先行的，年龄超前的；（委婉义）年老的

an adult community 退休村，老人区

sunset years在英语中是一个带有乐观情绪的委婉语，与汉语中略带消极色彩的“垂暮之年，暮年”有所不同。

（2）对于“老者”的委婉表达。例如：

caducity（本义）衰落，衰迈（委婉义）老年（这是个源自拉丁文的词语，意为“高雅”）

distinguished gentlemen（本义）尊贵的先生；（委婉义）老人

golden ager 尤指退休老人。（这是20世纪中期出现的委婉说法。其中的golden是源自golden anniversary 50周年纪念。）

master（本义）高手，能手，大师；（委婉义）老运动员，退役运动员

matron（本义）太太；（委婉义）老妇，老年妇女

senior citizen（本义）高龄公民，年长的公民，资深公民；（委婉义）老人

第三节　中西禁忌语文化对比

禁忌语是世界各个民族共有的社会现象，它指的是人们对于某些言行的自我限制，它源于人们对某种神秘力量的畏惧，同时也包含着人们在与大自然作斗争过程中长期积累的经验和长期的社会交往中所形成的社会礼俗。禁忌语存在于人们的衣食住行、社会交往甚至外交、政治、文化等活动中，但在不同文化和语言中，禁忌的内容和形式会有所不同。下面就结合英汉语言中的禁忌语进行对比研究。

一、中西与隐私相关的禁忌语对比

隐私指的是不愿意告知他人的个人私事与生活状况，或人们不愿意公开的个人情况。它是个人的心理需求以及社会需求的反映。在中西方两种文化中，人们的隐私观念也存在很大的差异。在中国的文化价值观中，人与人之间讲究团结友爱、互相帮助，崇尚和谐，因而，相对于西方文化中的人们而言，没有那么多的隐私需要避讳。在正常交际中，人们多数乐于沟通并交流涉及个人的情况，如有关年龄、收入、家庭状况的话题，比如“你一个月赚多少钱？”“今年多大了？”“结婚了没有？”但在西方人看来，这些都属于个人隐私的范畴，西方人不愿别人过问有关个人的事情。上述有关收入、婚姻状况、财产、年龄、政治倾向、宗教信仰等方面的问题都是和“隐私”相关的禁忌语，在跨文化交际过程中应避免提及。

二、中西关于“生”的禁忌语对比

有关生的禁忌是指在有关长相丑陋、身材肥胖或生理有缺陷的表达中的禁忌。在汉语中，人们不说“肥胖”，而说“丰满”；不说“矮小”而说

"玲珑"。

在英语中，ugly是一种禁忌语，常用plain（平常）和homely（不好看）来替代；形容女性纤瘦用slim，不用skinny，因为它包含不健康的意思。需要特别说明的是，随着社会的发展和文明程度的提高，与残障人士相关的禁忌语的替代语得到普遍使用，这既体现出社会的人文关怀，也有效避免了对生理有缺陷的人的心理伤害。例如：

（1）blind（失明的）常使用visually retarded（视力有障碍）来代替。

（2）deaf（耳聋的）常使用hard of hearing（听觉困难的），auditory-impaired（听觉损伤的），defective hearing（听力有缺陷的）来代替。

（3）crippled（跛脚的）常使用physically inconvenience（行动不便的）来代替。

（4）the crippled或disabled（残疾人）常使用physical hadicapped或physically inconvenienced（生理上有障碍的）来代替。

下面是一些实例。

①Mr. Smith has a disability and a pension from the government.

史密斯先生残疾后，领有一份政府发给的抚恤金。

②The National Inconvenienced Sportsmen's League sponsored athletic competitions for people who have lost — or lost the use of — their legs，arms，or eyes.

全国残疾人体育协会主持了上肢或下肢残疾者和双目失明者运动比赛。

③Guide dogs were first trained after World War I when many soldiers returned home sightless.

一战之后许多士兵由于失去视力而返回家园，这时候人们开始了对导盲犬的训练。

与生相关的禁忌语还包括对一些生理现象的描述。例如，汉语中常用"方便""解手""更衣""出恭""如厕"等来描述大小便，将马桶称为"净桶"或"恭桶"，将厕所称为"卫生间""洗手间"或"更衣室"。英语为了避免粗俗与尴尬，也常使用一些替代语来表示。

（1）fart（放屁）的替代语。例如：

let a breezer（来一阵微风）

make a noise（弄点响声）

pass wind/air（排气）

wind from behind（从后面来的风）

（2）urinate（小便）的替代语。例如：

answer the call of nature（自然需要）

caught short（被搞得措手不及）

do number one（一号）

ease/relieve oneself（使自己舒适一下）

get some fresh air（去呼吸点儿新鲜空气）

make water（造水）

pass water（排水）

（3）defecate（大便）的替代语。例如：

do number two（二号）

move the bowels（轻松一下肠子）

三、中西与“老”相关的禁忌语对比

中国将老人视为智慧与经验的集大成者，认为他们应该受到尊敬，所以不忌讳说“老”。但是在西方国家，“老”意味着衰老、无用，他们忌讳谈论年龄，常使用表示old的替代语。例如：

be getting on years 年岁增长

elderly people 年龄较大的人

feel one’s age 感觉上了年纪

getting on（in years）上了年纪

golden years 金色年华

grey-headed people 灰头发的人

in sunset years 进入暮年

mature people 成熟的人

past one’s prime 已过壮年

reach one’s golden age 进入黄金年华

seasoned men 有丰富经验的人

seasoned people 老练的人

second childhood 第二童年期

senior citizens 资深公民

well-preserved people 保养得好的人

请看以下几个例句。

①One more indignant senior citizen penned complaints about the universal decay of virtue in the western world.

又一位老人义愤填膺地奋笔疾书，批评西方世界普遍存在的道德败坏现象。

②My father is getting elderly now and can’t walk very fast.

我父亲年事已高，走不快了。

四、中西与病相关的禁忌语对比

健康是每个人都向往的，不少跟疾病有关的词语都被视为禁忌语。在汉语中，人们通常用“欠安”来表示生病，用“不好的病”来表示不治之症。此外，一些具体病症也有相应的禁忌语，如受伤称“挂彩”、肺结核称“怯症”，腹泻称“河鱼”，疟疾称“打摆子”，性病称“花柳病”等。

在英语国家，人们对疾病也持一种否定态度，因而也常用一些禁忌语来描述疾病。

（1）cancer（癌症）常使用Ca，the Big，the big C，a growth（赘生物），long illness（久病），terminally ill（晚期病）等来代替。

（2）heart attack（心脏病）常使用heart condition（心脏状况有异）来代替。

（3）leprosy（麻风病）常使用Hansen’s disease（汉氏病）来代替。

（4）mad，crazy或insane（疯）常使用mentally ill/handicapped（精神上有问题），mentally disturbed（精神上受打扰），deranged（精神错乱）等来代替。

（5）constipation（便秘）常使用irregularity（不规律）来代替。

（6）pimple（丘疹）常使用blossom（花）, beauty spot（美丽豆；美人斑）来代替。

（7）syphilis（梅毒）、aids（艾滋病）等常使用preventable disease（可以预防的疾病）来代替。

（8）venereal disease（性病）常使用social disease（社交性疾病）来代替。

请看以下例句。

①He had an accident in the brain last week.

他上周中风了。

②He has some kind of kidney problem that the doctors don’t quite understand.

他患有某种肾脏病，连医生都莫名其妙。

③The mother of the kidnapped baby was temporarily mentally deranged by grief.

那个被拐婴儿的母亲因悲伤导致了一过性精神错乱。

五、中西与死相关的禁忌语对比

中西方都避讳谈死。

在汉语中，表达“死亡”的说法有很多，简要总结如下。

（1）用一个字表达死亡。例如：

卒、逝、亡、陨、崩、毙

（2）用两个字表达死亡。例如：

闭眼

长眠

大故

故世

归寂

归西

鹤化

去世

升天

送命

亡故

仙逝

仙游

谢世

夭折

永眠

圆寂

作古

（3）用三个字表达死亡。例如：

山陵崩

睡着了

上西天

（4）用四个字表达死亡。例如：

百年之后

溘然长逝

跨鹤西游

马革裹尸

舍生取义

寿终正寝

香消玉殒

一命呜呼

在英语中，“死亡”的表达也被文化打上了深深的烙印，与人们所处时代以及社会生活密切相关，简要总结如下。

（1）用一个单词表示死亡。例如：

die，depart，hang，decrease

（2）用两个单词表示死亡。例如：

be low

cease respiration

check out

fall asleep

go up

go west

kick in

kick off

pass away

（3）用三个单词表示死亡。例如：

be gone forever

be no more

catch one’s death

cease to exist

end one’s day

go to glory

lay to rest

meet one’s death

rest in peace

slide into oblivion

（4）用四个或四个以上单词表示死亡。例如：

answer the last call

breath one’s last breath

depart to the world of shadows

emit one’s last breath

give up one’s life

give up the ghost

kick up one’s heels

lay down one’s life

pay the debt of nature

return to the dust

在英语中，一些比较专业的行业领域也有相应的对死亡的表达。

与医生职业相关的死亡的委婉表达有to put someone out of his misery，to be no longer with us。

与赌博相关的死亡的委婉表达有to be shuffled，to be trumped，to be out of game等。

与海员职业相关的死亡的委婉表达有to slip one’s ropes，to hit the rocks，to lunch into eternity。

与会计职业相关的死亡的委婉表达有to pay the debt to nature，cancel one’s account。

第八章

全球化视阈下的中西文学艺术对比

在全球化视阈下，中西方文学与艺术体现出各自鲜明的特征。为了对中西方文学与艺术有一个整体上的了解，本章就从这两个方面展开对比，具体涉及文学的起源、特征、审美对比以及艺术的审美理想、特征、目标、风格对比。

第一节　中西文学对比

中西方文学在很多方面都表现出明显的不同，限于篇幅，本节主要针对中西文学起源、特征、审美三个方面展开对比分析。

一、中西文学起源对比

中西方对“文学的起源是什么”有不同的观点。由于中国的“天人合一”“心物一体”的宇宙观，中国古人认为文学起源于心物感应；由于西方的“天人二分”“物我二分”的宇宙观，西方古人认为文学起源于对外物的模仿。

（一）中国的文学起源

自从人类诞生以来，自然世界事实上就分成了两极：一面是“天”，即包容宇宙万物的客观自然；另一面则是具有主体思维的“人”。天与人在观念中结成怎样的关系往往决定了一种文化的基本倾向，也深深影响着文学的样式和审美特征。

在中国，“天人合一”一直是古代人追求的一种理想境界，我们的祖先非常注重天与人之间的相互渗透、融合和协调。对天，只是自然地顺从，既不顶礼膜拜，也不想征服改造；既不甘做奴隶，也不想当主人。封闭的地理环境、自然温饱的小农经济、相对平淡的陆地生活，使中国古人从来没有把自然的“天”当作值得重视的对手。既然没有了对立，也就没有明确的主客体的二元意识。

因此，古人一方面是对人事之外的自然物的忽略，如春秋时郑国子产说“天道远，人道迩”（《左传·昭公十八年》），孔子说“未能事人，焉能事鬼”（《论语·先进》），“敬鬼神而远之”（《论语·雍也》）；另一方面，则将人事与天事统一起来，人事即天事，这就是西汉董仲舒（前179年—前104年）概括的“天人合一”。

“天人合一”的观念作为一种基本的文化意识和心理倾向，使中国历代文学家没有多大兴趣向外探求，把自然、历史等再现一遍，而是把注意力放在对自己内在的生命意识的表达上，在文艺中强调感发意志、吟咏性情的重要作用。

正如汉代的《毛诗序》所言：“诗者，志之所至也，在心为志，发言为诗。情动于中而形于言，言之不足故嗟叹之，嗟叹之不足故永歌之，永歌之不足，不知手之舞之，足之蹈之也。”“永”即为“咏”。在这种“诗言情、歌咏志”的观念下，诗是心物感应出来的，以模仿为其特征的叙事文学很不发达就成为一种必然。因此，这就不难理解，中国虽是诗歌的国度，然而历史悠久、人数众多的汉民族却长期没有西方那样宏大的史诗。

如果在中国的《诗经》中还有点儿“史诗”的意思的话，可以看如下一段文字：“笃公刘，匪居匪康。乃埸乃疆，乃积乃仓；乃裹糇粮，于橐于囊，思辑用光，弓矢斯张；干戈戚扬，爰方启行。笃公刘，于胥斯原。既庶既繁，既顺乃宣，而无永叹。陟则在巘，复降在原。何以舟之？维玉及瑶，鞞琫容刀。”这里引述的是《诗经·大雅》中的《公刘》的前两节，全诗共六节，这首歌颂周族远祖公刘率领部落迁徙的诗歌，总共才不过230多字，事情的前因后果不清楚，也没什么具体的事件。相比之下古希腊的《荷马史诗》，把一场持续十年的大战，以及在战争后英雄奥德赛的海上历险都叙述得绘声绘色，真切细致，《公刘》很难与之相提并论。

再如，中国汉民族的神话，特别是上古神话流传下来的很少，只在《吕氏春秋》《山海经》《淮南子》等书中有些零星的记载，而且内容多集中于灾难救世方面，缺乏故事的因素，叙事线索也不明确，著名的如《大禹治水》《后羿射日》《精卫填海》《女娲补天》等都是如此。中国的神话分散杂乱、没有完整的谱系。中国的神话尽管神多，但是关于神祇的记载非常简单，都是有关事件的概述。

作为故事主角的神，没有明显的个性，没有复杂的心理活动。比如，射掉九个太阳的后羿，追逐太阳的夸父，似乎都只是一个符号，关于他们的描写简单而模糊。我们对他们个人的一切一无所知，记住的只是他们的丰功伟绩和惊天壮举。中国原生态的神话并不算少，但很难看到刻画入微、曲折生动的故事。

在我国，专门的叙事文学体裁如戏剧和小说，是从元、明时代开始繁荣的，此前的将近1500年间，抒情诗占据着文学的至高地位。从最早的诗歌总集《诗经》开始，人们注重反映的是真切细致的生活感受和心路历程。例如,《诗经·小雅·采薇》中深情地唱道："昔我往矣，杨柳依依；今我来思，雨雪霏霏。行道迟迟，载渴载饥，我心伤悲，莫知我哀。"紧接着《诗经》出现的《楚辞》是又一座文学高峰，它同样充满了强烈的抒情性。屈原以一颗赤子之心，深情地眷恋着多难的祖国。他在《离骚》中倾诉衷情："岂余身之惮殃兮，恐皇舆之败绩！"翻译为"难道我担心自己会遭受灾祸，不，我担心的是楚国的车轮将要倾覆！"

（二）西方的文学起源

在西方文化中，主体与客体区分得很明确，天人之间的关系是二元对立的。人在"天"，即自然面前，或感觉威严恐惧，或欲求对抗征服。因此，"自然"对于"人"而言，是对手、是敌人、是远离自己的身外之物。之所以具有这样的认识，主要有这样一个因素：早在公元前3000年到公元前2000年左右的欧洲文明萌发期，即"爱琴文明"早期，航海和商业就是当时人们最主要的经济活动。

在考古发掘的器皿和壁画中，到处可见海草、珊瑚、海豚、章鱼等形象，足见他们对海洋生活的熟悉。比起陆地，海洋更能显示自然作为人类对手的气质。对于变化无常的海洋，"靠天吃饭"是行不通的，必须求真知，否则将会被海洋吞噬；面对狂暴凶悍的海洋，也不可能"乐天知命"，必须具备冒险的勇气和探索精神，才能争取到基本的生存权利。同时，商业活动的发达使人们处于开放和竞争的状态，也更加重视生活的物质内容。这就是形成西方文化中"天人对立"关系的重要因素。在这样的观念下，为了生存，主体就必须尊重客体、了解客体，以求掌握和重现客体的情状。

古希腊德谟克利特有句名言："从蜘蛛我们学会了织布和缝补，从燕子我们学会了造房子，从天鹅和黄莺等歌唱的鸟我们学会了唱歌。"受这样的文化氛围影响，我们就可以理解亚里士多德的“模仿说”为什么长期成为西方的主流文学观念。如果文学艺术能惟妙惟肖地模仿自然，模仿自然中人的活动和历史，模仿得越逼真、越准确、越接近被模仿的对象，就越被认为具有美感。这种“模仿说”在文学样式上的表现就是叙事文学的发达。

具体而言，可举史诗和神话为例。世界上的一些主要民族都有自己气魄宏大的史诗，如英国的《贝奥武夫》、印度的《摩诃婆罗多》和《罗摩衍那》、芬兰的《卡勒瓦拉》、法国的《罗兰之歌》、德国的《尼伯龙根之歌》、西班牙的《熙德》、俄国的《伊戈尔远征记》。史诗的意义不在于“诗”，而在于“史”，实际上就是对民族发祥、迁徙、所经历的战斗流血以及英雄业绩的模仿和再现。在古希腊人亚里士多德关于文学样式的三种分类中，史诗是第一位的，然后才是抒情诗和戏剧。

二、中西文学特征对比

（一）中国文学的特征

中国也存在着叙事诗，如《孔雀东南飞》（《古诗为焦仲卿妻所作》）、《木兰诗》《长恨歌》《圆圆曲》等，这些叙事诗与西方的叙事诗——如斯宾塞（Edmund Spenser）的《仙后》、弥尔顿（John Milton）的《失乐园》《复乐园》和《力士参孙》一类的长篇叙事诗相比，在篇幅上相去甚远，而且中国古代的叙事诗数量有限。长于抒情的诗歌、散文始终占据着中国文学的主导地位。例如，白居易的传世名篇《长恨歌》，以安史之乱这样重大的历史事件为背景，但全诗只有三个主要人物，即“汉皇”李隆基、杨贵妃和临邛道士。杨贵妃殒命于马嵬坡，应该是最具戏剧性的事件，然而具体过程在这首长诗中几乎没有反映，这段诗句更多的是寓情于景。而唐明皇与杨贵妃之间“在天愿作比翼鸟，在地愿为连理枝”的情爱关系被大加渲染，成为这首长诗中最为绚丽多彩的部分。由此可见，在这样的叙事诗中，叙事往往也是作为抒情的陪衬出现的，这与西方的长于叙事与人物刻画的史诗是大异其趣的。

中国的小说体裁中，其所追求的“意境化”（与西方叙事文学追求的“典型化”相对），也是抒情传统的延伸。意境化，是中国文学追求的重在“表现”（相对于西方的“再现”）的美学思想的结晶。意境美，原本是中国古典诗歌特有的审美范畴。例如，唐代大诗人柳宗元有名的五言绝句《江雪》:“千山鸟飞绝，万径人踪灭。孤舟蓑笠翁，独钓寒江雪。”诗中写了群山、小径、孤舟、寒江、白雪，点缀着一个头戴斗笠、身披蓑衣、手持钓竿的老翁。初“看”是一幅山水画，细品则可见蕴含在短短20字内的诗情。诗人寓情于景，借江雪来抒发自己失意的抑郁感受，借渔翁来寄托自己孤傲清高的情怀。

中国的古典美学思想从一开始就注重“物感说”，重在抒情和表现，认为文艺的本质在于创造形象以写意抒情。中国文论从先秦开始，以“言志说”为发端，奠定了其基本走向。它始终沿着“表现”“写意”这一基本方向向前发展衍化。从言志说、神韵说、童心说、性灵说一直延续到明清。明清小说中常常会插入些诗词，这在小说中起到了抒怀咏叹的作用，同时意境化的特点在明清小说中也很鲜明。

例如，经典名著《红楼梦》有强烈的“表现”“写意”倾向，颇有诗的境界。脂砚斋评《红楼梦》，多次说到意境。《红楼梦》就是沿着意境而创作的。一方面，是因为大观园里那些主人公经常作诗，如林黛玉的《葬花吟》、贾宝玉的《芙蓉女儿诔》等，分明是用“洒泪滴血，一字一咽，一句一啼”写成的，这样的诗、词、曲构成了小说中艺术意境的组成部分。另一方面，《红楼梦》的艺术意境主要是因为它处处洋溢着诗情画意，抒情诗的味道极浓。

在中国，戏曲发展较晚，它并不以讲述一个有头有尾的故事为主，却以不同人物的大段抒情曲文的演唱来吸引观众。那些流传后世、脍炙人口的中国传统戏曲不是整本大戏，而是无头无尾的折子戏。《牡丹亭》《西厢记》等作品甚至把“情”直接作为创作的根本。

总之，中国文学传统里所盛行的是将抒情的美学价值作为最高的文学价值，中国古典戏曲戏剧中“七情俱备”。这不但是人生的本来面目，也是剧作者提供给观众以引起情感共鸣的手段。因此，中国古典戏曲接近抒情文体。它主要通过写情来直接展现人物内心世界，展现社会中的人际关系以及人物内心对外部世界的观照。

抒情化了的中国古典戏曲，主要的文学功力不是用来写那推动事件进展的动作以及过程，而是写人物在特定境遇中的心情。越是主要人物，就越要全部展现自己内心。观众正是在人物的自我展示中来检验作者是否准确地表现出了人物的特定境遇的。中国戏剧重曲轻戏，成体系的戏剧情节理论比西方晚出现近2000年。

（二）西方文学的特征

上古神话是叙事文学的源头。西方文学中的神话，以公元前8世纪左右形成体系的希腊神话为代表，内容极为丰富。希腊神话围绕着一个中心——奥林匹斯诸神层层展开。希腊神话的大半内容讲述的都是新老两批神祇的故事。宇宙最先生出卡俄斯（混沌）和盖娅（大地），盖娅生出乌拉诺斯（天空），乌拉诺斯与盖娅结合生出克洛诺斯等六男六女以及三个独眼巨怪和三个百手巨怪，这是老辈的神。

克洛诺斯称王后与瑞亚生六男六女，最小的是宙斯。宙斯推翻父亲成为世界的主宰；他与哥哥姐姐德墨忒耳、赫拉、赫斯提亚、波塞冬，和子女雅典娜、阿波罗、阿耳忒弥斯、阿瑞斯、阿佛洛狄忒、赫菲斯托斯、赫耳墨斯构成新神的核心，统称“奥林匹斯十二主神”。以“卡俄斯—乌拉诺斯—克洛诺斯—宙斯”的神界家族为主线，神话将众多神、人、英雄的故事编为一体，即晚出的英雄传说、诸如关于赫拉克勒斯的传说、忒修斯的传说和特洛伊战争的传说，也与这条主线有直接或间接的关系。这构成世界上现存最完整、最庞大的神话系统。

因此，希腊的神话是“体系神话”，而且希腊神话一般都有一个比较完整、有起有落的故事框架，形象丰满、故事完整、细节丰富、描写生动，诸神或英雄是神话文学的中心，突出了他们的个性和经历，而故事作为背景是围绕着诸神和英雄人物设计并展开的。可以说，古希腊神话是西方人用叙事的方法描述想象中与人相对立的神的世界的结果。

欧洲传统戏剧视情节为第一位，情节的重心是动作。西方理论家如亚里士多德，把情节作为戏剧的构成要素来加以剖析。往往是英雄受难，英雄或由幸福变成不幸，或由不幸转成幸福，总之转变是戏剧的重要元素。在亚里士多德看来，人物不是为了表现“性格”而行动，而是在行动的时候附带表现“性格”。西方从文学、哲学、心理学等多角度，对情节展开全面的研究，具有形而上的意味。

西方传统文学不论是诗歌，还是小说、戏剧，都注重直白的叙述，而情感的表达则注重直抒胸臆。西方文学善于构筑曲折复杂的情节，并注重结构的奇妙与完整，同时善于捕捉和挖掘人物心灵，注重心理刻画和描写。西方的思维传统习惯于把现象分解成若干要素，原则上不要求对整体进行全面的涵盖，总是把握住一个方面或一个层次，分头进行单独的迅猛掘进。

从文学的认识原理和意义功能上看，西方文化传统中的科学和法制，是以宇宙的自我法则和客观规律为基础的。在西方文学中，写实就是关注人与自然的关系、人与客观规律与宇宙法则与原理的关系，努力达到将生活表象上升到思辨哲理的层次高度，而不仅仅是从局部的道德或功利标准来评事论人。这种文学努力的重要表现就是西方文学从《荷马史诗》以来就开始“真实地”描写具有多种性格的形象。

三、中西文学审美对比

相对而言，中国文化选择的是生命之树，西方文化选择的是知识之树。中国文化是以生命为本的文化，而西方文化是以知识（智慧、真理）为本的文化。这种文化差异表现在文学审美意识上就有了中国的“空灵意识”和西方的“追寻意识”。究其根源，这种意识的差异性来源于地理文化学。

（一）中国文学的审美价值

中国幅员辽阔，腹地纵深，地形地貌复杂多样，陆上边界远远超过海岸线的长度，产生了自给自足的农耕文明。依赖自然、听天由命、集体协作的生存需要使中国人形成了“天人合一”的自然哲学观和中庸和谐的社会道德观。这样的文化渊源形成了中华民族温柔平和、求稳求静、保守的大陆性内倾型文化心理特征。这种特征表现在文学尤其是诗歌中往往是“物我相隔”，诗人在观景的基础上常引发出强烈的理智意识。

“空灵”本来指文学艺术创作的一种美感形态，是作品中显示出来的弹性和灵气，在寓意内涵、形象意境、氛围文笔、艺术风格等方面显示出来的一种美感形态，在此则指中国文学和审美意识重艺术精神、重情感意趣的特性，以及一种形而上的“出世”思想。“空灵”在此实际上是一种借喻，陶渊明能够陶醉于“采菊东篱下，悠然见南山”的氛围中，这绝不是个人心性爱好问题，而是对悲愤意识和失落情怀的消解。孟子提出“达则兼济天下，穷则独善其身”，然而在具体的现实中，并不是人人都能仕运亨通，求仕的、宦游的、被君弃的……甚至越有才能、越有抱负，困境越大。

困境即为“穷”，“穷则独善其身”。也就是说儒家理想上同样指出了“达”与“穷”两种情形下的人生境界。“穷”时则更应保持高尚情操。至于“穷”时的悲剧意识，人们往往自觉地引入一些能使自己心境平静下来的因素，或者通过一种价值的转移，或是寻找一种心理的补偿物，或寻找一种安慰物。据此，中国文学的审美情趣呈现出一系列空灵性特点。例如，中国文学常以仙和仙界折射人伦社会，表现出一种超越悲剧、超越现实的浪漫情怀。如《庄子》的真人至人淡泊逍遥，《楚辞》的诸神富丽堂皇，《聊斋志异》的狐仙通灵等。

“自然”在中国文学中也常作为消解悲剧情怀和移情寄情的重要因素。儒家提倡自然物的比德功能，松、竹、梅、菊等在中国文化中历来是高洁的象征；道家和佛家则将山水、禅意、艺术、审美融为一体，在中国文化中充分地显示了山水的消解功能，王维即典型例证。比如，他的“雨中山果落，灯下草虫鸣”“明月松间照，清泉石上流”“行到水穷处，坐看云起时”，这些诗句都显示出山水自然与生命情思的呼应契合。

另外，酒以其醉意给士人们带来了摆脱平常束缚的解放感，梦以其对现实的补偿作用等，成为中国文学审美趣味之“空灵感”的重要因素。在中国文化中，酒是人生快乐的一个非常重要的因素，“对酒当歌，人生几何”，酒的解放感一方面使人忘掉处境和道德束缚，另一方面使人在精神上真正舒展。陶渊明酒中的真味使他体悟到文化的盈虚之道，以决心在伪乱之世独善其身，显示出一种高风亮节、乐天知命的人格力量；求仙不成的李白“梦中往往游仙山”；《桃花扇》用人生如梦以缓解巨大的文化性的悲剧意识。

中国文学审美之“空灵”意识，更表现在对前面所提及的意境的追求。意境表现为言有尽而意无穷，追求思与境谐，以“一著一字，尽得风流”为上。

（二）西方文学的审美价值

西方文明的发源地是古希腊。希腊半岛和爱琴海地区多山地，土地贫瘠，却有众多的天然良港。这种地理环境极大地限制了农业的发展，也使希腊人很早就从事海上贸易，使希腊文明呈现出强烈的海洋性，发展了西方社会经济的商业文明，形成了崇尚奋斗、张扬个性的海洋性外倾型民族文化心理特征。

“追寻意识”是西方文学和审美意识中崇尚自由、追寻、发展精神的集中体现。古希腊的科学型、自由型文化精神经过文艺复兴、启蒙运动的传承，那种赞美生活、歌颂人生、讴歌人类的勇敢、聪明和智慧，站在宇宙的高度审视人与自我的搏斗，从而礼赞人性悲壮的崇高，体现以人为本、执着现实、积极进取、勇于追求的乐观精神和人本精神，成为西方文化的根本内涵之一。

经过西方古典叙事文学的积淀，经过西班牙“流浪汉小说”的潜在导引，西方小说和叙写个体奋斗型诗歌等在情节模式、立意主题、人物塑造等方面，形成一种广义的“流浪汉文学”模式，其表现范式为“离家—人世—追寻—成功（或失败或毁灭）”。其主题意趣是个人奋斗、个体自由、独立意志；其艺术效应则由于作品在“游迹”中广泛涉猎了社会生活层面的内容，以及作者进步的人道主义文化人格的渗透，往往对社会及其意识形态进行反思、审视、批判、思考。

在审美表达和艺术模式上，西方“旅程式文学”所表现出的追寻意识以事系人，重视旅程空间的动态性和个人行动、个人奋斗，注重事件发展过程的真实性和故事性。从审美效果上看，表现出一种动态美、冲突美，为读者展示出一个广阔的视野和思维空间。同时，“旅程式文学”所表现出来的民主法治意识、自省与忏悔意识等深层文化内涵，分别灌注于追寻式、发展型艺术型的文化人格中。例如，中世纪的《神曲》就表现出了伟大诗人但丁从地狱到天堂的追寻之路。这是一部比较特殊的史诗，因为诗中叙述的是诗人自己想象中的经历。全诗分《地狱》《炼狱》和《天堂》三部，每部由三十三首“歌”组成，加上全书的序曲，总共有一百首歌之多，计1 4000多行。

可以说，从文艺复兴一直到现代文学，“追寻意识”都是西方文学中的一条主线。西班牙的塞万提斯（1547—1616）笔下的堂·吉诃德在追寻人间理想；法国弗朗索瓦·拉伯雷（1494—1553）笔下的巨人追寻着关于人、自由的理想；英国作家笛福（1660—1731）笔下的鲁滨孙追寻着资产者的品格和精神。《汤姆·索亚历险记》《老实人》《双城记》《红与黑》《包法利夫人》《高老头》；20世纪的《老人与海》，无不贯穿着强烈的追寻意识。

追寻意识集中体现了西方传统文化的内涵，它往往围绕并体现着自由意识、主体自由意志的实现、参与生活和享受幸福的价值观、反思社会改变现实的叛逆精神等方面的文化精神。

第二节　中西艺术对比

中西艺术具有不同的审美理想、艺术特征、艺术目标、艺术风格、艺术技法。总体上说，中西古典艺术都是美的艺术、和谐的艺术。在艺术的创作中，都要处理主观与客观、表现与再现、抒情与写真的关系。中国古典艺术创作中较为强调主观、表现、抒情等偏于主体的方面；西方古典艺术创作较为强调客观、再现、写真等偏于客体的方面。中西古典艺术各具特色，相映成趣、互为补充。

一、中西艺术特征对比

由于中西审美理想不同，中国人主“审美在情”；西方人主“审美在形”，从而导致中西艺术有着不同的特征，中国艺术是写意性的“表现”艺术，西方艺术是写实性的“再现”艺术。

（一）中国的传统艺术特征

中国古典文学如诗词、散文、小说、戏曲，以及舞蹈、书法、音乐、雕塑、建筑、绘画等艺术形式，总体上说属于写意性表现艺术。所谓写意，是以主体抒发、主观表现为出发点的艺术表达方式。通过艺术抒发来彰显主体的心理和谐，实现社会理想人格的塑造和人与大自然的心灵沟通，实现人与社会、人与自然的和谐统一。

1.中国的绘画是主写意性的表现艺术

绘画是中国传统艺术的主要形式之一，中国的文人画更是诗、书、画的综合艺术，使中国绘画的写意性达到更高的层次，艺术家作画总要在画里、画外表达某种情意。以郑板桥《题画》为例：“江馆清秋，晨起看竹，烟光日影露气，皆浮动于疏枝密叶之间。胸中勃勃，遂有画意。其实胸中之竹，并不是眼中之竹。因而磨墨展纸，落笔倏作变相，手中之竹又不是胸中之竹也。总之，意在笔先者，定则也，趣在法外者，化机也。独画云乎哉。”①

中国的画不是在写生，郑板桥画在纸面上的“手中之竹”并不是“眼中之竹”，也不是“胸中之竹”，而是“意在笔先”，即“写意”之作。“意”就是“意思”“意境”，是作者想要表达出来的寓意。郑板桥在这里画竹时具体要表达什么意思我们无法考证，但竹子在中国传统文化中有着极为丰富的内涵。郑板桥曾在画竹时题诗：“咬定青山不放松，立根原在破岩中。千磨万

① 徐行言. 中西文化比较 [M]. 北京：北京大学出版社，2004：269.

击还坚劲，任尔东西南北风。”画中有话，画外有音。

徐渭在《墨葡萄图》题诗：“半生落魄已成翁，独立书斋啸晚风。笔底明珠无处卖，闲抛闲掷野藤中。”徐渭是一个才华出众、报国无门、命运坎坷、半生落魄的知识分子。他用浓淡墨寥寥几笔简易勾画出的熟烂葡萄的枯枝败叶，把自己怀才不遇、残生不堪、愤愤不平的悲凉心境深刻形象地表达出来，此中的“诗情画意”展露无遗，具有强烈的艺术感染力。

2.中国的书法是写意性表现艺术

意在笔先，相由心生，书法家所写的一切作品都是感情的体现。作为中国传统文化重要组成部分的中国书法，集中且精妙地体现了东方人的精神追求。宇宙万物的变化神奇博大，表现方式万类纷呈。书法可以通过最简洁的手段，在点画之中把这些现象透露的信息破译出来。宇宙万物有它的生、发、枯、荣、粗、细、长、短，运笔的徐、急、快、慢，整个运动过程、生命状态，通过点画流动来表达、揭示它所蕴藏的生命状态和运动状态之美。

中国书法家经常用自然万象来陶冶自己的心灵。孙过庭说：“（用笔）或重若崩云，或轻如蝉翼，导之则泉注，顿之则山安，纤纤乎似初月之出天涯。”[①]书法写的是人的精、气、神。书法家写的字，能给人初月之出天涯的感觉，是多么奇妙。从事画画和书法的人对宇宙自然的态度，永远保持两个字：敬畏。

3.中国的戏剧是写意性表现艺术

戏剧是一门综合的艺术，中国戏剧较之诗歌、散文、小说、舞蹈及说唱艺术等门类成熟得较晚。戏剧萌芽于先秦，经汉代之百戏，唐代的歌舞小戏、参军戏，于宋代形成较完备的体制。随着商品经济发展，商业城市和市民阶层的出现，在勾栏瓦舍中发展成熟，形成中国最早的较为成熟的舞台表演艺术——宋杂剧和南戏。

经过元杂剧、明“传奇”形式而繁荣起来的中国戏剧，涌现出关汉卿、

① 陈坤林，何强. 中西文化比较 [M]. 北京：国防工业出版社，2012：180.

马致远、王实甫、汤显祖等伟大的剧作家，也诞生了《窦娥冤》《汉宫秋》《西厢记》《牡丹亭》等深受历代人民欢迎的伟大作品。中国戏剧的主要艺术表现手段不是实景布置、情节叙事与话题对白，而是聚焦于“戏文”与“唱腔”，布景与动作则是写意性的。四个兵可以代表千军万马，台上转几圈就表示千里万里，一支桨可以摇出惊涛骇浪；开门关门、上马下马、举手投足都是程式化的；通过舞水袖、弄髯口、抖帽翅等动作夸张地表现人物的情绪。

4.中国的雕塑是写意性表现艺术

中国古代的雕塑早期是用来“藏”在宗庙里“象征”某种意义的，不是为了公开“看”的，雕塑形象没有“真”的要求，而只是一种写意的艺术。中国青铜雕塑最早是夏、商、周时期用于宗庙祭祀的礼器，如西周的九鼎是权力的象征，一般人是看不到的，只有天子才可在宗庙祭拜祖先时接触和看见。

秦汉以后，陵墓一度取代宗庙而成为祭祀祖先仪式的场所。象征与祖先沟通的礼器雕塑变为陵墓祭祀中的供器雕塑，“为祖先的灵魂布置居所和生活场景成为雕塑艺术的主要任务，为汉代走向中国古代雕刻艺术创作繁荣期提供了机遇”。[①]因为不直接为“看”，不需要“写实”，所以用图像符号去象征死者的来世，成为地下墓葬的基本语言。

汉代的画像石、画像砖对死者来世生活的表达充满浪漫的想象，画中的内容是人的世俗生活世界，也是神仙生活的世界。对此，李泽厚评论说：“人间生活的兴趣不但没有因向往神仙世界而零落凋谢，相反是更为生机盎然、生机蓬勃，使天上充满着人间的乐趣，使这个神的世界也那么稚气天真。”[②]它不是神对人的征服，而是人对神的征服。

魏晋南北朝后，中国本土雕塑与佛教雕塑逐步融合，唐宋以后形成宗教雕塑与民间雕塑共存的局面，在一定程度上，程式化的雕塑语言成为人们在精神生活和人伦关系中寄托美好愿望的符号功能的工具，和超功利的“美”

---

① 孔新苗. 中西美术比较 [M]. 济南：山东美术出版社，2008：104-105.

② 李泽厚. 美的历程 [M]. 北京：文物出版社，1981：74.

的距离越来越远了。

（二）西方的传统艺术特征

西方古典艺术总体上是写实性再现艺术。所谓写实，就是以客体形式关系的客观再现为出发点的艺术表达方式。通过艺术再现客体的形式和谐，以获得真美统一的精神愉悦。“主客二分”，把自然客体化的西方人，用艺术来实现对客观世界“形式和谐”的把握，在表层视觉的理想美形式中表征人对自然世界的理解以及在深层对神圣内涵进行再现。

希腊神话中的英雄是神人同体、同形的。神有超越所有人类智慧和力量的超凡能力，又有凡人的鲜明个性、缺点。因此，古希腊的雕塑既有生动、直观的人的形象，又有理想美典型的人体比例规范，即通过人性与神性的结合，表达对希腊诸神的崇拜，表现出静穆、庄重、单纯、节制的艺术风格。所以，古希腊的雕塑是具有理想美形式的人的写实性艺术作品。

公元前4世纪的亚历山大大帝开启的希腊化时期，雕塑艺术基本上继承了古希腊古典时期的艺术传统，但更强调人体的动感、力量感和人物个性，有更强烈的视觉感官效果。古罗马时期一度盛行将人物肖像雕塑与希腊模式雕塑对接，特别是祖先崇拜的贵族家族，将其祖先的人物肖像雕塑与希腊模式雕塑对接，供奉在家中作为社会地位的象征。基督教的兴起终结了以家族血缘为基础的祖先崇拜现象，也终结了把健美的人体比附神性的现象。

在基督教信仰文化中，肉体是堕落的重要诱因，身体是灵魂的坟墓，早期基督教的戒律反对对形象的雕刻。随着基督教从西方社会意识的边缘走向中心，需要向社会大众宣传普及基督信仰文化，必须借助形象的方法，于是出现了解读宗教教义的教堂浮雕，但由于担心感性男女的优美躯体会削弱人们对故事的理解，宗教雕塑的形象大都简洁、明晰却不大优美。

12世纪以后，哥特教堂建筑把雕塑艺术、基督教的教义宣示与崇拜完美结合起来，雕塑艺术家努力把每个形象、每个神圣瞬间都栩栩如生地展现在信众面前。如果说，雕塑艺术直观地再现了自然形象的体量、三维结构，而绘画要力求在一个平面上再现自然形象的空间三维结构与质感，则问题更加复杂。

二、中西艺术目标对比

中国古典艺术追求的目标是传神——写意性艺术必然追求神似，追求气韵生动，境生象外；西方古典艺术追求的目标是逼真——写实性艺术必然追求形似，追求形象再现，注重典型。

（一）中国古典艺术追求目标

中国写意艺术追求传神，对作品的"形"，像不像似乎不大在意，对作品的神采却十分严苛。中国有南北朝张僧繇画龙点睛的典故，又有《世说新语》中说东晋大画家顾长康画人，人身早已画好，就是迟迟不画眼睛，他人不解其意，顾说："四体研蚩，本无关于妙处，传神写照，正在阿堵中。"意思是身体像不像都没有关系，能不能传神，把人画活了，全在眼睛如何画。中国书法艺术追求传神，"书之妙道，神采为上，形质次之"。中国的戏剧、雕塑、建筑艺术都追求传神，就是要通过艺术创作写出"道"的精神，写出"天人合一"的意境。传神的艺术创作具体要做到以下三点要求。

1.气韵生动

艺术作品"有气韵而无形似，则质胜于文，有形似而无气韵，则华而不实"，文质彬彬，气韵为先。气韵生动是传神的本质要求。气韵生动，既讲气——"文气"，又讲韵——韵律。

传神，就要写出作品的"文气"。俗话说：文如其人，"因内而符外"，文章是作者内在气质、禀赋的表现。曹丕说"文以气为主，气之清浊有体，不可力强而致"（《典论・论文》），说的是因"气"而生的艺术风格。传神，就要写出万物之韵律。韵律即大自然的规律，如道字的阴阳"道"象——"一阴一阳之谓道"（《易经·系辞上》）。中国艺术讲究韵律美，"起伏的山峦、荡漾的水面、飘浮的行云、缕缕的和风，都能给我们以韵律感"。

中国书法具有神韵之美。晋代大书法家王羲之的《兰亭集序》表现了书法艺术的最高境界。其点画注重提按顿挫，精到而多变，同一点画写法多样，似是无法而有法，寓刚强于优美。同一字形，绝不重复，生动多姿，20

多个"之"字，无一雷同。章法疏密有致，自然天成。全篇行笔如行云流水，不激不励，从容不迫，挥洒自如，形质与神韵堪称一绝。

中国画是讲究神韵之美的。南齐谢赫在《画品》中提出"六法"论:"六法者何？一气韵生动是也，二骨法用笔是也，三应物象形是也；四随类赋彩是也；五经营位置是也；六传模移写是也。"[①]评论画的品位高低，要讲气韵生动、骨法用笔、应物象形、随类赋彩、构图设计、临摹传移，首先讲气韵生动。其中，"气韵""骨法""经营"担负着主体精神表现的追求，"应物""随形""传移"执行着绘画造型的职责。

中国画是用线墨来表现动态之美的，因为线是点运动的轨迹，线条比块、面在技术上更容易表现动感。线条描画即笔法。王羲之说中国的书画笔法应"十退五急，十曲五直，十藏五出"，可谓变化无穷。无论是晋代顾恺之的《洛神赋图》、唐代阎立本的《历代帝王图卷》，还是五代荆浩的《匡庐图》、宋代马麟的《静听松风图》、元代赵孟頫的《松荫会琴图》、明代唐寅的《王蜀宫妓图》、清代王原祁的《江乡春晓图》，无论是表现人物，还是临摹山水、树木、花草，不同"性格"的线条赋予了图画对象生机与活力，栩栩如生，都极富艺术感染力。

线条是写意艺术重要的表达语言，线条与情感的表达有着密切关系。美学家吕凤子先生说："从一般规律讲，凡属表现愉快情绪的线条，总是一往流利、顿少，转折之处也不露圭角。而凡属表现不愉快情感的线条，就一往停顿，呈现一种艰涩状态，停顿过甚就显示出一种焦灼和忧郁感。因此，人之喜气悠长，故可以画叶子悠长的兰花；怒气短促，故利于画节、叶短促的竹子。"

"墨韵"是中国艺术表达的重要语言。"色彩，在视觉艺术中是最感情化的元素，具有在瞬间唤起人的视觉注意与情感共鸣的效果。"[②]中国有过"五色纯正"的儒家色彩观，也有过唐宋皇家贵族气魄的青绿山水宫廷画之鼎盛，但中国书画艺术受道家"大音希声，大象无形"的影响更大些，以

① 孔新苗. 中西美术比较 [M]. 济南：山东美术出版社，2008：39.

② 孔新苗. 中西美术比较 [M]. 济南：山东美术出版社，2008：142.

水墨山水画为代表的文人画讲究淡雅幽远，自然含蓄，韵味无穷。面对儒家的伦理道德、礼乐制度、繁文缛节，主张“无为无不为”的老子在色彩观上认为“五色令人目盲”，主张返璞归真，于是素淡的黑白构成具有“虚”“柔”“静”“无”品质的色彩美的真境界。

2.游动时空

气韵生动，还表现在中国艺术的“散点透视”技法的应用上。西方的古典画和近代照相机的照相是用“定点透视”的方法，即观测点固定——光学成像聚焦点固定，故能画出、拍摄出外界景物瞬时的状态，即静态。而中国画大多采用的“散点透视”技法，即观察点不是固定在一个点上，而是自由地上下左右变化着，观察者的位置可以不断地升高、下降或向两端不定点地移动，如同拿着照相机在多个位置照相，获得许多不同的透视变化景象，把这些不同的变化按照一定的目的、方法，有机地组合在一个画面上，以产生一个综合的透视效果。

中国画这一透视方法，具有特殊艺术魅力，形成了独特的艺术风貌，所反映的内容更趋整体性。“散点透视”的技法建立在中国人的“天人合一”“时空合一”的艺术时空观上。依照“天人合一”“阴阳五行”的宇宙图式，时间与空间不是可以离开万物运动而各自独立的“流”，而是春夏秋冬的轮回和与之相应的自然物的生长收藏的变化，是展开着千姿百态的自然万物的东南西北中五个方位。人是时空的中心和主体。艺术作为主体的创作，时空应服从人之主观感受的配置——游动时空，时间率领空间走，便形成“散点透视”。

中国画的“散点透视”技法早在汉代墓室的墙壁彩绘中就有所体现。《洛神赋图》是晋代顾恺之根据曹植《洛神赋》而创作，表现曹植由京师返回封地途中经洛水与洛神相遇并恋爱的故事。全图采用长卷分段描绘形式，以山峦、溪流、林木为背景，贯穿首尾，如同连环画一样，整个故事在一幅画卷中娓娓道来。唐代的吴道子画嘉陵江山水“一日画尽三百里”，想必也是画在长卷上。元代大画家黄公望的《富春山居图》咫尺千里，压缩时空，把富春江两岸的秀丽景色尽收一画之中，是不可多得的艺术精品。

在现存的中国古代画作中，北宋张择端的《清明上河图》就是“散点透视”技法的典型代表。作者运用长卷的形式，把北宋东京汴梁繁盛的生活面貌，从郊区的农田风光到城内的闹市景象，组织在一个画面之中，随着观察者视点的移动，步步换景，好像用照相机在多个地点拍照，一张一张接起来，这效果是焦点透视完全达不到的，是中国画特有的技法，成就了这伟大的作品。

中国画的“散点透视”正符合了人们游山水的欣赏习惯。中国画家作画喜欢以“画中人”身份做“画中游”，在其游赏过程中不受地域时间局限。“散点透视”的技法不但在中国书画上应用，也广泛应用在中国园林、雕塑、戏剧、小说等艺术中。中国园林时空合一的手法，使园林融入时间的流程而具有空间的无限性，空间也因时间的牵引而具有无限的开放性。

3.境生象外

传神的艺术创作要做到“境生象外”。西方艺术的思维方式多用概念、定义、逻辑分析、推理判断等理性工具来认识思考外界万物；而中国艺术传统思维方式是感性的思维方式，用感性的心“象”——物象、性象、意象、道象来认识思考世界万物。既然基本思维工具和表现对象都是心“象”，一切都是模模糊糊的，万事万物无明确的边界，任何一个具实之“象”都不可能把万物之间的多种联系表达清楚穷尽。故中国古典艺术多追求“尽意”，即“立象以尽意”，既关注形象，更关注“象外之意”，即追求“境生象外”，并认为“得意在忘象，得象在忘言，故立象以尽意，而象可忘也，重画以尽情，而画可忘也”。艺术品对反映对象之画得或写得像与不像倒无关大体，关键是情要到位，意要到位，做到诗情画意、意与境谐、以意统形。

最初，顾恺之的“形神论”——“以形写神”，其基本思想是用画面形象传达出对象的神采，以“形”作为把握、显现“神”的必要媒介与手段，主张绘画应通过对形象关键部位的构图经营，达到传神的艺术效果。后来，中国的书法艺术影响了中国画的发展方向。中国的书论产生于汉朝，比中国的画论产生要早。南北朝时的宗炳提出“山水以形媚道”，即天地有大美，山山水水中有“道”的神韵的观点。

书势是表达书意的关键，书法的神韵是靠点、画在一定书体结构和章法行气运动中形成节奏律动的创作经营和心理想象，以传达和领悟书法作品的美感内涵。如运用多种笔法营造笔势与韵律美。五代时期，荆浩在总结前人经验的基础上提出了山水画笔墨技法——勾皴法，以不同的运笔用墨去表现山体树石的不同结构，对应不同的质感。这样一来，绘画之形与客观对象之形将不再严格对应，而是更关注画面笔法形式自身的表意功能。中国画的表意性——“境生象外”的艺术特色大大向前迈进了一步。

最后，诗、书、画结合。唐代的王维是诗、书、画结合的艺术先驱。诗画一致，就是表现与再现、理想与现实、情感与理智等艺术创造相关要素的和谐统一。诗的托物言志与比兴思维方式、画的自然形象符号化造型、书法的形迹的情感流露，三者结合的主客互融的审美升华，把“境生象外”的艺术特色推向新高峰，为一些现实失意、不甘沉沦的人提供了一条审美的解脱途径。

（二）西方古典艺术追求目标

写实艺术必然追求形似，逼真是写实艺术的必然追求。怎样实现艺术作品的逼真？西方古典艺术走上了以模仿论为基础的典型论的道路。柏拉图把毕达哥拉斯的“美是数的和谐”的思想上升为超越现实世界的宇宙最高法则。柏拉图认为：理念世界才是真正的实在；现实世界是对理念世界的模仿；再现客观事物形象的艺术“和真实隔了三层”，因为再现艺术是对理念世界的模仿物（现实事物）的再模仿。言下之意是再现艺术的真实性程度不高，但没有指出如何实现艺术再现逼真的方法。

亚里士多德不同意柏拉图对艺术再现的贬斥。他认为：模仿有三种方式，一是照事物本来的样子去模仿；二是照人们所想所说的样子去模仿；三是照事物应有的样子去模仿。而照事物“应有的样子”创作才是美的艺术。但这个“应有的样子”就是神的形式——典型形式，艺术家在模仿外在形象的时候，能够通过外在形象彰显其内在的本质，把零散的、分散的美的因素整合起来，因此艺术模仿是对范本的改进，应当比现实世界更为真实，因为它反映了现实世界的内在本质与规律。“典型形式美的和谐”说为西方再现艺术实践发展开辟了道路。此后，“典型”成为西方艺术重要的表达语言。

古希腊时期，三维的雕塑艺术实现了亚里士多德的“典型形式美的和谐”，但对于二维平面上实现三维物体的模仿的创作技术还没有出现。直至1427年，意大利佛罗伦萨的新圣母玛利亚教堂里，著名画家马萨乔的壁画《三位一体》正式揭幕，人们看到好像教堂墙壁上掏了个洞，洞向深处延伸形成了一个长廊，长廊里耶稣降临，这可能是世界上第一个在二维平面上画出三维空间透视景物的画作。

在这之前的1415年，意大利艺术家伯鲁涅列斯基就做过一个实验，他拿一块涂了银的画板，对着佛罗伦萨教堂外街道，让街道景物在画板中反射出来，以教堂门为取景边框，照着街道影像画出街道轮廓，从而得到一幅在二维平面上获得的三维空间立体透视图，向逼真方向前进了一大步。这个办法就是镜像的办法。镜像办法包括了对焦点透视、解剖知识、光影造型等技术的综合应用，以实现绘画对“镜象”视觉真实感的追求。

光有镜像技术并不一定能获得“理想美”，“理想美”还要经过艺术家主观的努力创作。达·芬奇的传世名作《蒙娜丽莎》，画中主人公神秘的微笑，永远让人捉摸不透，只要你长时间注视这幅画，她的笑容似乎在不断朝你变化，一会儿好像是自信地笑，一会儿好像是在嘲弄你，一会儿观看者又会觉得她似乎笑中含有一丝悲哀。达·芬奇在这幅画中没有完全用镜像的方法，如果严格按镜像的瞬时状态画，时间定格，人僵化了。达·芬奇用两个方法把人画活了：一是把人的形体边缘模糊化，似是在“动”当中，如何“动”则需要观察者自己去思考“补足”；二是把人物背景两侧的地平线处理得高低不同，使人物面部随着两侧背景变化而变化，形成不完全对称的艺术效果，人物似乎“动”起来、活起来了。

总之，西方画为了得到逼真的效果，采取了镜像技术与“提取精华，创造典型”相结合的办法，得到较理想的客体展现效果。

三、中西艺术风格对比

中西艺术审美理想、艺术特征、追求目标不同，必然导致艺术风格不同。追求传神的写意性中国古典艺术必然表现出中和婉约的风格；追求逼真的写实性西方古典艺术必然表现出激扬奔放的风格。

（一）中国古典艺术风格

中国古典艺术之所以表现出中和婉约风格，是因为中国人的“天人合一”的阴阳五行宇宙观，是整体论，也即系统论。系统论不太注重单体，而重视事物内部和事物之间的结构关系，注重对事物的整体把握，以维护整体的协调与和谐。农业文明、群体生存的中国传统文化重视人与自然、人与社会、人之身心的协调与和谐，形成了中国人富有中庸之道的文化传统。因此，中国古典艺术的中庸精神的要求就表现在“传神”，即对“道”——“中庸之道”的表达，从而导致了以“中”为美、以“和”为贵、宁静淡泊的中和婉约艺术风格。

1.以“中”为美

“中”者，适中也。中国书法就十分推崇刚柔相济、宽严适中的“中和”之美。因为书法笔墨“太严则伤意，太放则伤法”。以“中”为美，不走极端，追求书法过程诸多矛盾关系的对立面的朴素的和谐统一。适中是把握分寸，执两用中，不偏不倚，不走极端，讲究无过无不及的文化精神，除了书法，在绘画、戏剧、音乐等其他艺术中都有反映。如中国以“大团圆”为结局的传统戏剧模式，是善恶有报、盛衰无常、悲喜交杂之下的大中和；中国古典音乐一直推崇孔子倡导的“乐而不淫，哀而不伤”的风格，也体现了“中和”的特点。

2.以“和”为贵

“和”者，多样化的统一。在中国古代的文学艺术中，抒情写意的诗歌、散文比较发达，而戏剧、史诗、小说不很发达。即使属于再现型艺术的小说、戏剧也常充满抒情意味，表达中庸的意境，即贯之以“文以载道”的传统。因此，中国的戏剧、小说描写的都是类型化的群像，不过分突出个人，以保持群体关系的和谐协调。中国文学名著《三国演义》《水浒传》《红楼梦》等都是以不同的人物活动为线索，由一个一个相对独立的叙事单元连缀而成的章回小说。在这些小说中，找不到笔墨集中、贯穿全书全剧的一个或几个中心人物，有的只是群体的英雄，或某种特定的人物群体。

《三国演义》中的蜀汉“五虎上将”——关羽、张飞、赵云、黄忠、马超；《水浒传》中的梁山一百零八将——宋江、吴用、卢俊义、林冲、鲁智深、武松、李逵……《红楼梦》中的金陵十二钗——林黛玉、薛宝钗、王熙凤、贾元春、贾探春、妙玉……每个人物性格鲜明，有血有肉，栩栩如生。但谁也不是贯穿全书的“中心人物”。这种文化艺术的潜意识是任何个人的地位与作用只能是在群体中获得，离开了群体，个人价值无从实现。每一个人都可以有其独特个性，而个性多样化的统一就是和谐。

3.宁静淡泊

首先，受道家文化的影响，中国的艺术审美追求人与自然的和谐，追求心物统一，人的理想人格应当与自然之“道”相通。而且“道”至大至广，在实践中无法触摸，只有通过“心斋”“坐忘”“无为”，才能体悟到“道”的精神。所以，“宁静”是道家的文化风格。

其次，在老子看来，“大音希声，大象无形”“五色令人目盲，五音令人耳聋”“无声”“无形”就是虚空。所谓“大音希声，大象无形”，应是大音若无声，大象若无形。至美的乐音、至美的形象已经到了和自然融为一体的境界，反倒给人以无声、无形的感觉。由此可知，“淡泊”是道家文化的基本精神。

（二）西方古典艺术风格

西方古典艺术表现出激扬奔放的风格之原因，是西方的二元对立宇宙观和方法论中的还原论，即万物可以无限细分，因而还原论重视个体、单体的存在与利益。商业文明、个体生存方式使西方传统文化重视人与自然、人与社会、人与人之间的对立斗争，西方的生存方式、思维方式造就了西方人的崇力尚争、激扬奔放的文化性格。

西方人崇力尚争、激扬奔放的文化性格，也必然以其特有的审美价值观影响西方的艺术风格。古希腊时期的辩证法主张“斗争产生美”，“互相排斥的东西结合在一起，不同的音调造成最美的和谐，一切都是斗争所产生的”，反映战天斗地、百折不挠的奋斗精神成为当时艺术作品的主要内容。基督教产生之后，西方艺术成为人的“灵肉冲突”的生命体验的展示方式。它基于基督教“以苦为乐”自我否定的文化精神的形成。基督教义认为人一生下来就有原罪，因此，认知上帝，赎罪回归的痛苦，将伴随基督教徒一生，也是生命存在的基本方式。然而，生命有限的人无法完全认识无限存在的上帝，原罪人生须在灵与肉的痛苦冲突中不断自我否定而获得精神的超越。反映人的“灵肉冲突”也成为西方艺术的重要内容。西方艺术的激扬奔放风格主要体现在它的悲剧情结和英雄情结。

1.悲剧情结

悲剧在西方艺术中有十分悠久的历史传统。古希腊有“悲剧之父”埃斯库罗斯，代表作有《被缚的普罗米修斯》；索福克勒斯，悲剧代表作有《俄狄浦斯王》；欧里庇得斯，悲剧代表作有《美狄亚》。文艺复兴时期英国伟大的文学戏剧家莎士比亚的剧作荡气回肠，他的戏剧题材十分丰富，有历史剧、喜剧、悲剧。他的四大悲剧代表作是《哈姆雷特》《奥赛罗》《李尔王》《麦克白》。古典主义时期的法国剧作家让·拉辛的作品以悲剧为主，代表作是《安德洛玛克》。

人与自然、人与社会、人与人的二元对立使西方人勇于面对异己力量，为了自己的美好生活去拼搏斗争，悲剧集中表现对人生意义的积极探索和自身价值实现中所显现的坚强性格和意志。但命运不可知，人类要超越生存困境，必须敢于怀疑、判断和否定现实，必须反抗斗争，必须付出代价，人可以被打倒，但决不可被征服，从而表现出人的崇高精神和悲剧之美。

2.英雄情结

英雄情结在西方艺术中同样有着悠久的历史传统。英雄情结核心是反映主人公个性的张扬，反映主人公精神意志的坚定性和性格心理的独特性。欧洲文学的源头之一的《荷马史诗》反映了希腊民族崛起的“英雄时代”的战争生活，为民族崛起的战争自然是民族英雄参加的战争。战争的胜败关系民族生死存亡的命运，因此人们崇尚勇猛善战、机智勇敢、不畏强敌、宁死不屈的英勇尚武精神。自然，那些在战场上贪生怕死、畏缩不前的行为，受到人们的鄙视。

古希腊的英雄情结延续到文艺复兴时期及以后，更多地表现为新生阶级为了理想的个人奋斗。西班牙的塞万提斯笔下的唐·吉诃德，虽然是个疯疯癫癫的骑士，带着寻找自由、平等理想社会的梦想在游历中到处碰壁，却找回了被中世纪压抑的人的自由天性，尽管失败，却始终认真而严肃地追求自己的理想，体现了人类自我意识的觉醒。17、18世纪欧洲的启蒙运动时期，西方启蒙文学表现了新生的资产阶级的个人奋斗的创业精神。英国启蒙文学作家丹尼尔·笛福的《鲁滨孙漂流记》塑造了一位不愿过平庸生活而到海外闯荡，在多次远航中遇难漂流，在荒无人烟的小岛上，在无助的困境中用自己的双手开创了新生活的资产阶级人物的正面形象。

综上所述，中西方文化、艺术在多个层面都存在着鲜明的差异。不过在近现代，中西的文学、艺术交流不断，双方都在文化的交流中交融、交锋，并在扬弃传统文化的过程中不断传承和创新。

第九章

全球化视阈下的语言文化发展

全球化已经成为一个不可逆转的趋势，它起源于经济领域，因此定义全球化为经济全球化，但是随着交流的日益紧密，全球化并不仅仅局限于经济这一个领域，还会涉及文化与社会等领域，如今文化全球化已经成为人们广泛关注的一个领域，并且在不断迅猛发展。文化全球化是文化的新发展，是在经济全球化的基础上出现的，是经济全球化的必然结果。文化的全球化并不是意味着文化一体化，整个过程既包含文化的统一趋势（文化趋同），也包含文化的多元性，下面就从文化趋同与语言交融、文化认同与文化的多元化以及中国文化的发展三个层面进行具体论述。

第一节　文化趋同与语言交融

随着各国经济的迅速发展，各国间的文化交流也越来越频繁，除了政治、经济、外交、军事交往之外，现在有了科技的交往，其中这些交往中就涉及了文化的交往。例如，近些年“中法文化年”“中俄文化年”的创办，这不仅是加深两个国家对对方文化的了解，更主要的是将我国文化扩展出去。这些交往并不仅仅是在国家的层面，民间的交往更为广泛，如文化团体的出访与学习，各国间的旅游、移民等。可见，文化之间的交往并没有停止过，文化全球化正在快速地蔓延。但需要注意的是，各国间交往必然会存在着冲突，而文化冲突的融合是调节文化冲突的重要手段。语言作为文化的一部分，文化的融合也必然会带来语言的融合，因此我们首先来分析一下文化全球化的这两种明显现象，即文化趋同和语言交融。

一、文化趋同

所谓文化趋同，是指不同的国家或者民族通过彼此了解，来理解和吸纳对方文化的一种趋势，简单来说就是不同文化间趋于融合的过程。随着科技尤其是网络技术的发展，整个世界已经变得越来越“小”，各个国家和民族之间频繁的交往，导致不同民族文化彼此接纳与交融，逐渐出现了舍异趋同的文化发展前景。

对于舍异趋同这一趋势，主要有以下两层含义。

（1）在接受其他民族存在的一些文化传统的时候，会舍弃一些本国固有的、过时的、不合时宜的传统。

（2）在吸纳其他民族的一些有意义、有价值的民族文化习俗的时候，会选择暂时忽视或者舍弃与之相对应的本民族习俗，换句话说就是在保留本民族习俗的基础上接纳其他民族特有的优秀传统。而这在日常生活中各个方面基本可以体现得到。例如：

①体育上，很多人喜爱足球、网球、高尔夫球等源于西方的运动。

②饮食上，不少中国人也喜欢吃比萨、汉堡等。

③服饰上，普通青年喜爱穿牛仔裤，结婚的时候新娘也会穿白色婚纱等。

④节日上，有的年轻人喜欢过西方的圣诞节、情人节等。

除此之外，当然还涉及很多层面，这里就不再一一列举，但是特别提及的是中国的政治、经济、法律、科学、教育的管理制度、管理模式以及设置模式上大多也都借鉴了其他优秀的文化。不仅在中国这样，西方国家也借鉴了中国的文化，如唐人街的受欢迎以及很多外国人来中国定居，并学习中国的武术、戏曲，与中国人结婚等。

二、语言接触

语言接触现象的产生与民族之间的接触有关。语言接触可以表现在多个层面，具体体现为以下几点。

（一）词缀借入

语言接触可以渗透到语素层面。例如，纳提（1982）列举了由英语词根和阿达格姆（Adagme）语词缀构成的词；埃利亚松（1989）也发现很多由英语词根和毛利词语词缀构成的词。

（二）词语互借

汉语中的很多词语都是从其他语言中借用来的，如石榴、狮子、因果、菩萨、哈达、塔、马达、沙发、电话、戈壁、葡萄等。同时，汉语中也有一些词被吸收到其他语言中，如丝、茶、瓷器等词语已为其他语言所使用。

（三）语音与语法的借代

随着各民族语言进一步接触，语音和语法也出现了借代现象。例如，西双版纳州傣语原本并没有/au/这个发音，随着傣族与汉族接触的频繁，西双版纳州傣语吸收了这一读音。再如，白族语言的语序原本是“主语+宾语+动词”，从汉语中借入了“主语+动词+宾语”的语序后，原来的语序反而消失了。

（四）不同语言的共同特点

处于同一地域的不同语言在长期的相互接触中相互借代一些语言要素，于是，这些语言就渐渐具有了一些共同的语言特点。例如，欧洲巴尔干半岛有罗马尼亚语、保加利亚语、阿尔巴尼亚语、匈牙利语、塞尔维亚-克罗地亚语、马其顿语等，这些语言属于不同的语族，但在语法方面体现出明显的相似性，形成了有名的巴尔干语言联盟。再如，印第安语言联盟、南部非洲语言联盟、印度语言联盟等都是语言长时间接触的结果。

（五）双语或多语现象

随着不同语言的相互接触，有时一个语言社团中会通行两种或多种语言，或某语言社团的一些成员可以同时讲两种或多种语言，这就是双语或多语现象。在加拿大，英语和法语都是官方语言。在比利时，法语和荷兰语、德语都是官方语言。我国的很多少数民族既能讲他们的民族语，又能讲汉语。巴拉圭的很多人可以同时听懂和使用西班牙语和瓜拉尼语。

三、语言交融

所谓语言交融，是指在日益频繁的国家、民族交往过程中，其语言也会随之进行借鉴与吸纳的一种现象。语言交融主要体现在两个层面上。

（一）表层交融

表层交融是指为了满足国际交往的需要，很多人主动学习、掌握其他民族的语言，目的是能够和目的语国家的人们进行直接的交流，并且交流中没有任何的障碍。例如，很多中国人都在学习、练习英语，很多中国学生主动和外教进行交流，以获取更多的知识；很多外国人也同样来到中国，主动学习汉语。美国、英国、日本的大部分中学，已经开设了汉语课。英国著名的《泰晤士报》中有一篇关于轻松学习汉语的报道，并且在购买报纸的时候会赠送汉语短语手册以及音频、视频光盘。由此可见，当今社会学习外语已经成为主流的浪潮，掌握两种及以上语言的人越来越多，尽管目的各不相同，有些人为了工作需要，有些人以出国为目的……但不管是哪种需要，都体现了语言交融对人们观念上作了改变，他们并不再排斥其他民族的语言，而是保持着积极了解和主动获取的态度。如果各个国家、民族能够熟悉、接纳并能够熟练使用其他民族的语言，必然为文化的交融打下良好的基础。

（二）深层交融

深层交融是指学习、吸收并接纳其他民族的某些词语已经特定的表达形式。这种吸纳主要有两种类型。

（1）原语中某些词语的语音和语义以目的语的语形或直接以原语语形进入目的语。[①]这主要体现在一些词语的运用上，如表9-1所示。

表9-1　英汉词语中的原语直接引入

英语	汉语直入
bikini	比基尼
chocolate	巧克力

① 闫文培. 全球化语境下的中西文化及语言对比 [M]. 北京：科学出版社，2007：380.

续表

英语	汉语直入
salon	沙龙
Elizabeth	伊丽莎白
Whorf	沃尔夫
hamburger	汉堡包
logic	逻辑
fans	粉丝
汉语	英语直入
气功	Qigong
风水	Fengshui
叩头	kowtow
功夫	Kongfu
阴阳	Yin and Yang
元	yuan
亩	mu
炕	kang

除此之外，英语中的“IT”“WTO”“OK”都直接被引入汉语中，汉语中就直接出现了“IT行业”“中国加入WTO”等常见的说法。

（2）原语中一些词语的语义直接进入目的语中。很多情况下，这是由于目的语概念缺位的情况，大多体现在格言或者习语上。例如：

chain reaction 连锁反应

armed to the teeth 武装到牙齿

Time is money.

时间就是金钱。

Knowledge is power.

知识就是力量。

扶贫工作 anti-poverty project

棒棒军 shoulder-pole corps

希望工程 the Hope Project

另外，还存在出现一些更为直接和形象的表达，目的是让目的语使用者更容易理解。例如：

shop talk 三句话不离本行

happy camper 心满意足

all washed up 彻底完蛋

Well begun is half done.

好的开始是成功的一半。

四、文化趋同与语言交融的关系

上面对文化趋同与语言交融的概念进行了总结和实例分析，下面就来论述二者的关系。

（一）主流与支流的关系

文化趋同是文化发展的主流，而语言交融是文化发展的支流，主要是由于文化趋同发展迅速而语言交融发展比较有限。需要知道的是，各个国家占主导地位的文化不可能因为交融而兼并或者吞并，但是受主客观因素的影响，在这些主流文化下的次生文化却存在很大的可能被同化。众所周知，美国的黑人大多是来自非洲，但是由于近百年来的耳濡目染，已经基本上丧失了原来非洲的文化传统，被美国白人所同化。对于中国来说，满族人在清朝之前，是有着与汉族人不同的文化习俗的，但是随着民族交流的不断深入，逐渐被人数众多的汉族人所同化。值得注意的一点是，这种同化是一种自然的过程，是各个民族适应历史条件和生存环境的需要而形成的，并不受国家或者政府的干涉。同时也存在着违背意志的现象，如法西斯主义，将自己的意志强加于人，用残暴来统治人类，最后导致失败。可见如果将某一单一的文化强加在主流文化之上，日后必然会带来无穷无尽的问题。

综上所述，文化趋同和文化交融都不可能脱离世界这一大的环境而独立存在，二者都必须在顺应时代潮流的基础上应运而生，人类只能通过自己的努力对其加以促进，而不是反其道而行。

（二）绝对与相对的关系

文化趋同和语言交融既是绝对的，也是相对的，对于二者，需要从两点上加以明确。

1.绝对性

文化趋同和语言交融是一个不可逆转的趋势，它们与运动与变化的关系是相似的，文化趋同和语言交融作为一种动态变化的未来发展趋势，这是绝对的，这一绝对性与全球一体化密不可分。

美国著名作家萨莫瓦（Larry A.Samovar）在他的《跨文化交际》（*Communication Between Cultures*，2000）一书中曾经指出两点。

（1）不断变化的世界使跨文化交际成了一个重要的研究领域。

（2）这些变化还在不断地持续并加剧中，并不会因为任何原因而削弱。

在当今世界这个大环境中，没有任何一个国家可以仅仅依靠自己的存在，完全独立应对国内的政治、经济、文化问题。

2.相对性

发展变化的趋势是绝对的，但是“趋同”和“交融”这两个概念本身是相对的，并不是说不同的文化可以完全统一成一种文化，不同语言可以完全融合为一种语言。各国的主流文化没有被吞并的可能。因为从整个世界的万物来说，矛盾与一致、冲突与和谐、差异与统一都是相对的，这是不变的真理。因此，不同文化间的差异是一直都会存在的，并不能统一。文化的全球化是一种趋势也是一种潜在的可能性。因此，对于二者，随着社会文明的不断发展，不同文化间的交往频繁，不同文化间的理解和接纳在不断地加深，因此会吸收对方文化的部分要素或者有价值的要素或者语言，这反过来会进一步促进文化的全球化。可见，文化全球化以接受和承认文化多元化作为前提。

第二节　文化认同与文化的多元化

"认同"这一概念起源于社会心理学，指某些行为体展示出的个体特性以及区别于其他行为体的形象。文化认同是一种人类对文化倾向性的认可和共识。不同的民族、不同的文化、不同的价值观会产生多种不同的文化认同。文化认同以"和而不同"作为哲学基础，而文化多元化倡导的是多元共存、和而不同。从这点上来说，二者是不谋而合的。下面就从文化认同与文化多元化的概念以及二者的关系来具体分析。

一、文化认同的概念

随着全球经济一体化的发展，文化全球化或者说是全球文化认同已经形成破竹之势。但是全球文化认同只是文化认同的一部分。所谓文化认同，是指以实现规范求同、身份识别以及确立充足的归属感为目的而赋予其符号与意义的过程，它在范围、层次上有其不同的性质、方法以及预期的效果。主要包含两个层面的认识。

（1）文化认同的标志和重要的依据是以语言作为核心的各种文化要素。

（2）某一民族或者种族的语言与这一民族或种族的身份归属有着一种必然的联系。人们可以根据早已形成的文化习俗以及面对面的活动形式来确定自己的身份。

文化认同主要包含三个层次，即家庭认同、民族认同以及全球认同，下面对这三种认同做重点介绍。

（一）家庭认同

所谓家庭认同，是对夫妻之间和睦、父子之间同心、长幼之间尊卑有序的认同，它是以传统的人伦孝悌作为原则，以血缘关系、恩爱关系、共同的地点和生活环境作为发生的认同基础。家庭认同是最低层次的文化认同，在家庭这一小的环境中，家庭成员应该认同家庭成员之间的关系，并且确认家庭成员的身份和归属。

（二）民族认同

所谓民族文化认同，是指在家庭认同的基础上，树立更深、更高的目标，即树立以民族利益为重和为民族的未来而努力的文化认同。从血缘上来说，家庭认同仅仅是小范围的，而民族认同是整个民族的血缘关系，是大范围的以民族生存地点为基础的认同，是民族成员的身份和归属。民族认同是以共同的思想背景、语言文字、历史人文、宗教信仰、生活方式以及价值观作为维系的标准。从上面的定义可以总结出民族文化认同的三个特点。

（1）文化群体中的一项基本的取向。

（2）是民族形成和发展的凝聚力。

（3）将文化群体黏合在一起的有效方式。

（三）全球认同

所谓全球认同，是指全球范围内各个国家和民族追求幸福的最大化以及效益最大化，它是为了解决人口、资源、环境等全球化危机而建立的一种共识和惯例。从层次上来说，它比民族认同还要更高、更深，是三者中的最高层次，但需要注意的是，全球认同是以民族认同作为基础和前提的，也就是说，各个国家的民族认同为全球认同的社会秩序以及价值取向创立了条件。

全球认同只是文化认同的一个层次，虽然它凌越于民族上，但是将各民族看作一个统一的整体，是世界民族内部形成的一种观念上的认同。它关系到人类的未来发展的问题，因此从这一层面上来说，它只是一个比民族认同更大范围上的身份和归属感的认同。

二、文化的全球化

文化全球化指世界上不同民族的文化通过不断交流、融合，逐渐超越本民族文化的国界，同时经过人类的评判与趋势而获得文化认同，最终使本民族文化区域内的资源转变为人类共有的世界性资源。这里主要从以下三个方面来对文化全球化进行阐述。

（一）跨文化冲击

事实证明，文化具有地区、社会、民族等属性。

首先，文化是有地区属性的。例如，蒸汽机、电灯、牛顿三大定律等是西方科技文化的精华；赵州桥、造纸术和活字印刷术是中国文化的精华。

此外，文化还有社会、民族属性。每一种文化都有其自己的一套价值系统，并在其准则、规范、行为模式中得到体现。作为一种固定模式，文化是一个民族或社团所认同的方式，本社团成员易于理解，但是另一个文化社团的成员却并不容易察觉到。因此，如果一位生长在某一文化中的人移居到另一个文化中时，可能会发现自己的行为举止与当地人的文化习俗有所不同，甚至可能是完全冲突的，当地人的行为表现也与其价值观与标准不相符，可能因此而产生心理失衡感，在交际中不知所措，这就是文化冲突。由于同一民族或社团的社会活动是在同一种文化模式中进行的，社会成员很容易预测并理解对方的行为和意义，因此不会产生误解。与之不同，在跨文化交际中，交际双方是在两种不同的文化模式中进行社会活动的，如果用本族语言的价值行为观去理解对方，就有可能造成文化冲突。文化差异体现在方方面面，如思维方式、心理结构、社会规范、家庭道德、社交准则等。例如，在表达无可奈何的意思时，中国人常以摇头带苦笑表示，而西方很多民族则以耸肩表示；世界上大部分民族都用点头表示赞同，而阿拉伯人则用摇头表示赞同。因此，了解两种文化差异产生的根源、现状与意义，可以全面地认识文化差异，从而避免文化冲突，促进跨文化交际的顺利进行。

（二）跨文化融汇

人是一种社会性的动物，因此世界上任何人群都必然要与其他民族或社团进行交往，这种交往可能是直接的，也可能是间接的。相应的，文化是开放的。文化融合现象就是世界上不同民族之间的交往日益密切，不同民族文化的差异相互影响、沟通、传授、同化。文化的导入融合可以发生在多个层面，可以是物质的，也可以是精神的；可以是知识的，也可以是交际的；可以是高层的，也可以是通俗的。例如，中国出现并流行的西装和牛仔裤、两河流域的宗教文化在西方以及世界的传播、中国儒家文化对东南亚的影响等都是文化交流的结果。文化差异的导入和相互影响使潜移默化的融合得以产生。不同民族、不同社团之间的文化交流、文化互补对世界文化与社会的发展具有重要的推动作用。反过来，每一种民族文化本身也必然会受到这种融合发展的制约，尤其是随着国际化进程的加快，更促使人们主动地了解不同文化之间的差异，更需要各民族文化之间的互补，也更需要文化科学知识进行世界性的交流。

（三）跨文化隐含

一般而言，可以将文化分为知识文化与交际文化。

（1）知识文化指在跨文化交际中不直接造成严重影响的文化知识。例如，文物古迹、艺术品、实物存在等物质形式都属于知识文化的表现。

（2）交际文化指跨文化交际中直接发生影响的文化，其文化信息隐含在语言中。交际文化主要呈现为非物质表现形式。由于交际文化的意义十分复杂，具有变化性，因此不易于掌握。从下面的例子中便可以得到体现。

①由于社会文化不同，日常用语也不同，如英汉中的“You are welcome.”和汉语中的“劳驾”。

②由于言语习惯不同，在人际交往中，寒暄的内容也有所不同。例如，

西方通常谈论天气、体育，较少涉及隐私方面的话题；中国人则常谈论涉及对方隐私的话题，如年龄、婚姻、收入等。

③由于文化传统不同，用词的褒贬含义也不尽相同。例如，在西方，dragon一词象征邪恶；在中国人心中，“龙”被视为吉祥之物。

④由于心理以及价值观点不同，产生的感受也不同。例如，在西方，old（老）暗含年老无能之意，因此西方人通常回避用old一词；在汉语中，“张老”则是敬语。

⑤名词、成语典故的不同。例如，汉语中的“刻舟求剑”“掩耳盗铃”等；英语中的call a spade a spade，meet one’s waterloo等。

⑥含有民族特殊文化传统、风俗习惯信息的词语。例如，英语中的Valentine，Robinson等；汉语中的“守岁”“孙悟空”等。

⑦由于不同的语言结构和形式而形成的双关语，通常是不可译的。例如，“气管炎”（妻管严）。

上述例子均是交际文化中的现象，可以看出，这些现象与语言交际直接相关，语言中所隐含的文化内涵十分复杂。因此，培养跨文化交际的敏感性，有助于准确把握交际文化的意义，从而实现成功的跨文化交际。

三、文化多元化

对于文化多元化的定义，不同的人给予了不同的说法，常见的主要有以下几种。

（1）文化多元化是指在坚持主流文化基础上，允许其他文化的进入和交织，并得到兼容和发展的一种态势。[①]

（2）文化多元化可以分为无形文化和有形文化两种，无形文化包含传统习惯、生活方式、价值观念、信仰意识等，有形观念包含与民族文化相关的

① 杨雪英，朱凌云. 论文化的多元化与高校思想政治教育 [J]. 中国高教研究，2006，（6）：60.

建筑、工具、饮食等历史文献。[①]

（3）联合国教科文组织出版的《文化多样性宣言》一书中，指出文化多样性是不同时代、地点具有的不同的表现形式，是指各个群体特有文化的集合。[②]

这些定式是从不同的角度和侧面进行论述的，可见文化多元化的内涵是如此丰富，具有特色性与合理性。

文化多元化已经成为社会发展的必然趋势，并以缤纷多彩的姿态展现在人类的面前，它主要有三个方面的特征。

（1）多元共存。多元共存是建立在平等的基础上的，每个国家和民族都有平等的权利和平等的发展机会，国与国、民族与民族之间应该是和谐共处的。多元共存不仅是文化多元化的基本特征，也是文化发展的内在规律，多元文化共存为各种文化之间融合、借鉴、取长补短提供了优势，从而有助于形成魅力四射的文化景观。

（2）融合创新。在文化多元化进程中，同时代的各个民族的文化具有各自的特色，但是各种文化之间又进行着交流和融合，融合就是要求我中有你、你中有我。文化其实是一个开放的系统，但是在融合的过程中也会出现冲突，但是这种冲突恰恰会促进融合，因此要正视这些冲突和矛盾，借鉴并吸收其中的有益成分，促进自身的长久发展。另外在吸收外来文化的基础上，会面临着一些严峻的挑战，因此要求本民族的不断开拓创新。

（3）长期稳定。多元化的另一个特征是长期性和稳定性。文化多元是每一个民族经过长期的繁衍与发展而产生并不断形成的，可以说，文化是历史的产物，因此它有着某一民族长期的、实践性的过程。但是每个民族的文化经过长期的积淀而形成的历史传统、文化观念、宗教信仰以及思维方式等，是不轻易改变的，因此具有相对的稳定性。

---

① 温雪梅. 文化全球化与文化多元化的辩证关系 [J]. 天津市工会管理干部学院学报，2003，（4）：37.

② 杨金玲. 如何正确认识全球化下的文化多元化 [J]. 理论界，2007，（11）：142.

四、文化认同与文化多元化的关系

对于文化认同与文化多元化的关系，都体现了和而不同这一基本特点，同时，文化认同要求各个国家和民族尊重文化多元化，促进文化全球化，即求同存异。因此，下面就从和而不同和求同存异两个层面来探讨二者的关系问题。

（一）和而不同

“和而不同”是《论语·子路》里面孔子的一句名言，原话是“君子和而不同，小人同而不和”。这种理论认为，各个国家、民族的文化应该是和谐的但并不是千篇一律的，彼此应该存在着某些不同。如果只是一味地去追求“相同”的话，甚至有些民族不惜一切的力量来兼并或者吞并其他异族文化，必然会造成严重冲突甚至不可调解。文化认同和文化多元化都倡导的是“以和为贵”“和而不同”。因为每一种文化都是蕴含着其内在的文化传统、历史背景的，凝聚着一个民族的精神，因此要在承认和尊重文化多元的基础上去求融合。

事实上，全球认同是一种理性认同，追求的是安全与效率；民族认同是一种感性认同，追求的是本民族的价值和情感。前者以惯例作为标志，而后者以传统作为目标。文化认同的哲学基础是和而不同，意味着它从来都不是全面的、百分之百的趋同。更多的时候，它是文化多元化或者文化多样性之间的互相理解、尊重以及沟通与交融。可见，文化认同和文化多元化有着必然的联系。

（二）求同存异

在文化进行交融的过程中，必然会产生冲突和矛盾，但是在处理这些问题和矛盾的时候我们一定要坚持一个原则，那就是求同存异，即尊重文化多元化、促进文化全球化，这要求做到以下两点。

1.承认本民族之外的其他文化

我们应该坚决反对极端民族主义、大国沙文主义、民族虚无主义和其他民族优劣的言论，应该以一种豁达、平常的胸怀来正视和承认其他民族的文化。同时在弘扬本民族优秀文化传统的基础上，尊重其他民族文化的传统和习俗。尽最大的努力来扶植其他弱小群体的文化。目前各国政府、学者研究的一个主要的课题是如何让那些经济发展水平低、人口少的民族保留住其自身的文化，这也是在保留着世界的文化遗产。随着文化全球化的愈演愈烈，很多民族的文化逐渐被冷落或者淘汰。例如，有些年轻人热衷过西方节日，而中国传统的节日基本被忽视。我们应该呼吁优秀文化的理性回归。另外，应该以和而不同作为驱动力，各个民族文化之间相互认可和吸纳，尤其是在政治、外交方面，一定承认各国家、民族的差异，从而促进各民族平等、和睦相处，促进文化的健康发展。

2.弄清不同文化的异同

要深入了解其他民族文化的内涵及精髓，就要弄清楚本民族文化与其他民族文化存在的异同，并掌握跨文化交际的策略。恰当地运用这些策略有助于扩大对外交往。积极促进不同文化间的相互交融，为全人类的文化发展做出贡献。

五、文化趋同与文化认同、全球认同的异同点

文化趋同与文化认同、全球认同之间有相似之处，也有不同之处。

文化趋同是不同民族的文化之间彼此吸纳、融合的一种变化性的趋势。也就是说，文化趋同是异族之间的一种互相认同。文化趋同的主要内容包括各民族对人际关系等问题的价值取向、行为准则、生活方式等文化传统。它既可以是只发生在两个民族之间的一种个别性过程，也可以是地域性的过程，甚至是全球性的过程。

文化认同是某一民族文化进行自我辨识的一种固定性的趋势。由此可

知，文化认同是民族内部的一种关于民族归属感的认同。文化认同的主要内容包括同一民族成员关于文化传统，如世界观、价值观、行为准则、奋斗目标、伦理道德等所建立的一套惯例和共识；任何一个民族成员通过对这些惯例和共识的认同，都可以找到自己的身份与文化归属，甚至是民族归属。

作为文化认同中一个重要的层次，全球认同是对世界上不同民族及与世界与人类未来发展相关的重大问题，如资源、人口、环境、和平与发展等所形成的一套惯例和共识的认同，这是“世界民族”内的观念认同。可见，全球认同是一种比民族认同范围更大的归属感的体认。正是基于这种全球性的共识，全世界各民族才有可能出现全球性文化趋同的趋势。实质上，全球认同是全球范围内的一种文化趋同。需要指出的是，从概念上来看，“全球性”文化趋同与全球认同存在些许差异：前者侧重不同民族之间的文化传统的交融，后者注重“世界民族”的共识与归属感。

第三节　中国文化的发展

中国文化又称为“中华民族文化”，是指中国56个民族经过几千年的发展，逐步形成的稳定的生存方式，是中华民族受政治、经济、环境等作用形成的民族意识、民族情感、民族精神以及价值观的结晶。作为世界文化的一个重要组成部分，中国文化在与其他文化的交融过程中不断进步和发展，在马克思列宁主义理论的指导下建立了社会主义制度，建立了社会主义市场经济体制，并实施了改革开放政策。这都是中国文化在吸收世界优秀文化成果的基础上，以开放的胸怀参与文化全球化的进程。

文化全球化给中国文化的发展带来了很多机遇和挑战，使中国的文化面临着很多新变化、新情况。可以说，中国文化是文化全球化的受益者。这一文化发展主要体现在以下几个层面。

一、中国文化发展的新动向

文化全球化对中国文化产生巨大的影响，中国文化在其推动下，与其他国家文化进行对话，取其所长，去其所短，从而实现了本民族文化的发展。中国文化发展的新动向是一个良好的开始，主要体现在以下三个方面。

（一）从封闭到开放

处于文化全球化这一大的环境下，中国不可能再闭关锁国，必然会使中国从封闭走向开放，即对外开放。对外开放这一理念其实是告诉国人和世界，中国文化不再是封闭的，而是主动与世界文化进行交流与互动，是将中国文化置于世界文化的一个新网络中。

（1）在中国文化与其他文化交流中，中国人逐步形成了以开放的心态对待外来文化的民族心理。随着这种新的意识理念，人们逐渐主动地、热情地去学习外国先进的知识和理念。伴随着改革开放和开拓创新的提出，中国正在以广阔的胸怀融入世界潮流中。在对待外来文化的态度上，中国人也开始用辩证的思维来看待，并且也学会了区分外来文化的优点和缺点，并不是一概接受或者排斥。可见，对外开放是中国文化发展的一个必要的条件。

（2）文化全球化背景下，中国文化朝着更开放的体系发展。如马克思所说，在世界的大背景下，各个国家和民族的精神其实是整个世界的公共财富。虽然中国文化与其他文化也会有冲突或者撞击，但是中国仍旧会以包容的姿态来吸收外来文化，缩小与外来文化的差距。现如今，中国文化已经成为一个巨大的系统，有十分复杂的成分包含在内，有数千年传统文化的积淀，也有新兴文化的吸取和推进。

（二）从传统到现代

中国文化以封建文明为背景，延续和发展了数千年。到了近代，中国文化与外来文化的大冲击、大碰撞导致中国文化从传统走向现代。我们并不能否定传统文化，传统文化是中华文明的基础，但是要随着社会的进步而不断进行改革和变更。从古代到近代，每一个阶段都有其增加和更新的内容。比如儒家思想，在中国古代，儒家思想的地位虽有起伏，但是很多朝代将其作为精神的支柱，新文化运动对这些儒学思想进行了批判，指出旧思想、旧观念的弊端，使儒家思想不再是唯一的辨别是非的标准，这是从传统到现代的进步。

从历史传统上来说，有些传统文化是优秀的，有些则是落后的。例如，“和为贵”“仁义礼智信、温良恭俭让”“人人相亲，人人平等，天下为公”等都是中国优秀的文化传统。这些传统随着历史的变迁被赋予了新的时代意义，因此我国现在提倡构建社会主义和谐社会，建立一个民主法治、公平正义、诚信友爱、充满活力、安定有序、人与自然和谐相处的社会，实现物质和精神、民主和法治、公平和效率、活力和秩序的有机统一，这是对传统文化的肯定和升华，为当代中国文化建设提供了丰富的历史资源。

可见，现实生活离不开传统的历史文化，失去传统历史文化的社会必将是迷茫的。将中国文化从传统转到现代，要求将我国传统文化中的优秀成分转化成具有现代意义、全球意义的价值文化。

中国文化从传统走向现代，是历史文化发展的必然要求，虽然路途比较坎坷，但这是最终的目的。伴随着文化的全球化、对外交往的频繁，我们将本国以及世界上的文化发展规律逐步发现、掌握并运用到实际中，冲破影响中国传统文化步入现代化途中的障碍，推动我国文化现代化进程继续、稳步并快速地发展。

（三）从单一到多样

由于封建社会的专制，古代中国人的思想也是相对单一、僵化的。但是随着文化全球化的推进，中国文化逐渐由封闭到开放、由传统到现代必然会改变传统文化的单一问题，使中国文化从单一走向多样。

（1）从文化主体角度来说，有国家政权主导下的文化也有大众文化。

（2）从地域的角度来说，有国家主流文化，也有各地的地区文化。

这些文化的关系，更多的是包容与补充，因此它们的存在既满足了人们的文化需求，也丰富了人们的精神生活，这个作用是不可磨灭的。

在文化全球化的时代，任何民族的发展是不能拒绝其他民族的文化的，中国也不例外，因此中国需要在保持原有文化特色的基础上来实现从单一到多样的文化转型。

综上所述，中国文化发展新动向的出现，这是由于文化全球化的推动和发展，因此中国文化只有参与到文化全球化的洪流中，才能带动本国文化的发展，使本国文化更加繁荣昌盛、百花齐放、百家争鸣。

二、中国文化发展的新形态

文化全球化使国人的价值取向和思想观念发生了变化，呈现现代化、多样化的特征，并且随着外来文化的进入，中国文化发展呈现了多种新的形态，主要有市场文化、大众文化、网络文化以及和谐文化，它们的产生和发展极大地丰富了中国文化的内容。

（一）市场文化的产生

市场文化的产生是从本体的角度来说的，现如今，无论是中西方都选择了走市场经济的道路，并且市场经济渗透到了社会生活的各个层面，当然文化也不例外。中国文化在很大程度上是按照市场的规律发展的，文化与市场相结合，因此就出现了文化市场这个概念。伴随着世界市场的建立，文化交流和文化融合使文化出现了一个新兴的领域，即文化市场化。它不断向前发展，并且速度非常快、程度相当深。

所谓市场文化，就是指文化是伴随着市场以及市场经济产生的，与市场有着密不可分的关系。同样在市场中也蕴含着文化。具体来说，市场文化包含人们在一切的商业活动中形成的精神文化的总和，其中商业活动包含贸易、买卖、流通以及营销等，而精神文化主要有思想、观念、行为、价值、道德等。可以总结出市场文化的三个基本特征，即消费性、经营性、娱乐性。但也需要注意，由于文化涉及的层面可以说是无处不在的，市场文化也是一样。中国建立社会主义市场经济体制，随之而来的就是市场文化的诞生，这极大地充实和丰富了社会主义文化。当市场文化围绕市场经济进行的时候，就说明如今的市场文化已经由抽象变成了具体。

（二）大众文化的产生

大众文化是针对使用主体的角度来说的，也是伴随着商品经济应运而生的。20世纪70年代末期，大众文化在中国开始产生，到了20世纪80年代得到了发展。所谓大众文化，是指在商品和工业化的基础上，以传媒系统作为媒介，通过各种形式来反映大众的日常生活实践、大众生活品位的文化活动综合。大众是文化的主体，是大众文化的参与者、构建者、接受者，没有他们的努力，大众文化也就无从谈起了。大众文化主要的形式有文学、影视、音乐、饮食、服饰、艺术等，其形式也在不断增加。

另外，需要提及的是大众文化在中国的形成与发展，一个重要的助力就是改革开放，改革开放使中国参与到世界文化中，吸取大众文化的有益成分，使大众文化成为人们日常生活的重要文化形式。大众文化也离不开全球文化的推动，文化全球化使大众文化变得更加强大。

（三）网络文化的产生

网络文化的产生是从技术角度来说的，在文化全球化的大环境中，网络文化是对整个社会冲击最大的。互联网以及物联网技术突飞猛进地发展，出现了以互联网为基础的“虚拟空间”，这一空间不受国界、地界的任何阻隔，将世界连为一体，不论你在哪一国家，都可以最快地传递信息、交流思想。网络文化可以让人们共享网络上的一些信息。可以说，网络文化是文化全球过程中一道亮丽的风景线。

网络文化有广义与狭义之分，广义的网络文化是指借助网络形成的政治、经济、文化现象。狭义网络文化是指在网络上进行的文化活动。从定义及内容上我们可以发现网络文化的几个特点，即开放性强、传递迅速、内容广泛、容量大等。

网络文化促成了全球文化信息一体化，实现了全球文化的共享，而且这种共享不分等级，不分阶层，不分国家。事实上，互联网把地域距离化为零，把人与人之间的距离缩到很小，让人们不再受时间、空间的限制。这种文化传递方式简便、快捷，并且内容也是相当全面的，人们可以根据自己的需要进行抉择。

（四）和谐文化的产生

和谐文化产生是从价值取向上来说的，很多人对和谐文化这个概念是很陌生的，事实上它是针对社会主义和谐社会而提出的。对中国来说，和谐文化对中国影响意义非凡而且比较突出。所谓和谐文化，是以文化为表达形式，以和谐为价值取向，融合理想信念、思想观念、制度体制为一体的文化形态，它是社会和文化的结合体，包含对和谐社会的评价和认知。

中国主张和谐，也为世界和谐贡献自己的力量，而和谐文化是和谐的一个重要组成部分，也是促进世界和谐的一个重要力量。

和谐文化是适应世界经济、社会、文化大背景的，也是文化全球化的重要体现。虽然和谐文化是一种新颖的文化形态，但是它会成为中国乃至整个世界和谐的潜力股，通过价值观、思想观、知识观、行为观的教化与引导，必然会规范人们的文化行为，从而使文化健康、向上、积极、科学地发展。

三、中国文化发展的新动力

文化全球化跨越了世界的界限，把各个民族融合到世界的大浪潮中。由于我国文化的对外开放，许多国外的新技术、新思想、新理念、新方法等被引入我国，成为我国文化发展的新动力。

（一）获得新技术

近些年，中国的技术在迅猛发展，尤其是交通技术、通信技术、信息与图像技术、卫星通信技术、电话技术、电缆与光纤技术，还有计算机技术，使得文化在更大领域传播。之前，西方国家想在这些方面进行垄断，以为中国只是会照抄照搬，但是我们是在利用他们先进技术手段的基础上不断开拓创新，目前中国完全有后发制人的趋势，卫星的发射、“嫦娥”登月、“蛟龙”号的探测成功都是最好的例证。

（二）获得新思想

改革开放使中国大众开始接受外国文化，从而扩充了中国文化的内容，丰富了中国文化发展的空间，给人们的思想观念也带来了新的改观。例如，一些概念的引入，如信息社会、网络社会、知识经济等，还有一些思想被人们普遍接受，如法制观念、科学精神等。

（三）获得新理念

中国文化发展获得了新理念——全球化理念。全球化理念一直是我们追求的理念。在文化全球化的时代，人类是文化的主体，在这之前，文化的主体一直是国家和民族，人们只看到其他文化与中国的不同，但是并没有看到文化的共同性。当人类成为文化的主体时，我们应当重新来看待文化中的现象，尤其是自然的现象。人口、资源、环境、生态等不是一个国家的事情，而是整个人类的危机，当然这些问题的解决也是关乎人类生存的，需要各个国家和民族整体上的认同，这就是文化的共性。因此，也就形成了另一个全球理念。中国作为世界的一分子，也必然要以实现全球理念为目标，不仅达到人与人的和谐，而且要实现人与自然的和谐。从和谐文化到和谐社会进而到和谐世界，这是一个过程，也是我国一直努力的目标，反过来说，全球化理念也会为中国文化发展提供更为广阔的前景。

（四）获得新方法

文化全球化不仅给中国文化的发展带来了新技术、新观念、新理念，还带来了新的方法。近年来，世界市场文化给中国的市场经营、产品设计以及产品管理带来了巨大的影响。特别是文化产业层面，从制作到传播、从生产到管理这一始终的过程都需要国际上优秀的市场化运作经验，而对这些经验的引进、掌握和应用给社会主义文化提供了一定的参考价值。

参考文献

[1]包惠南，包昂.中国文化与汉英翻译[M].北京：外文出版社，2004.

[2]陈峰.中国文化与翻译（第一辑）[M].沈阳：辽宁大学出版社，2008.

[3]戴雷.记者会语境下中国文化特色用语翻译策略研究[M].南京：南京大学出版社，2016.

[4]丁建新，齐环玉，刘悦怡.中国文化经典文本与翻译[M].广州：中山大学出版社，2013.

[5]杜学鑫，孙志民.跨文化视域下中国旅游文化对外翻译研究[M].北京：中国纺织出版社，2017.

[6]段文颇.英汉汉英翻译理论基础[M].兰州：甘肃科学技术出版社，2004.

[7]郭风平.中国传统文化概说[M].咸阳：西北农林科技大学出版社，2004.

[8]姜妮，顾艳艳.中国文化与翻译[M].徐州：中国矿业大学出版社，2017.

[9]金鸣娟.中国传统文化[M].北京：中国农业大学出版社，2004.

[10]赖小敏，张陈元，张瑜娜.中国文化与四六级翻译实践[M].长春：吉林大学出版社，2017.

[11]李宝龙，杨淑琴.中国传统文化[M].北京：中国人民公安大学出版社，2006.

[12]李红梅.基于文化翻译理论的中国菜名英译研究[M].徐州：中国矿业大学出版社，2009.

[13]李晶.当代中国翻译考察（1966—1976）——“后现代”文化研究视域下的历史反思[M].天津：南开大学出版社，2008.

[14]李美.西方文化背景下中国古典文学翻译研究[M].上海：世界图书出版公司，2014.

[15]李伟荣.翻译、传播与域外影响中国典籍翻译与国家文化软实力关系研究[M].上海：上海交通大学出版社，2015.

[16]李欣.当代西方文化学派翻译理论在中国的传播与接受（1990—2010）[M].天津：天津社会科学院出版社，2014.

[17]李燕.中国特色语言文化视角下的翻译研究[M].哈尔滨：黑龙江人民出版社，2018.

[18]李照国.译海心悟：中国古典文化翻译别论[M].上海：上海中医药大学出版社，2007.

[19]梁艳君.社会文化思潮与中国翻译史学研究[M].北京：中国民主法制出版社，2014.

[20]凌来芳，张婷婷.中国戏曲跨文化传播及外宣翻译研究[M].杭州：浙江工商大学出版社，2019.

[21]刘经纬.中国传统文化[M].哈尔滨：东北林业大学出版社，2005.

[22]刘静.中国文化“走出去”战略背景下的翻译理论与应用研究[M].北京：光明日报出版社，2016.

[23]刘坤，王雪燕，任毓敏.中华文明的输出外宣翻译中的中国文化与中国形象[M].长春：吉林文史出版社，2017.

[24]刘磊.中国传统文化与艺术翻译研究[M].长春：东北师范大学出版社，2020.

[25]卢红梅.华夏文化与汉英翻译（第3部）[M].武汉：武汉大学出版社，2010.

[26]卢红梅.华夏文化与汉英翻译[M].武汉：武汉大学出版社，2008.

[27]陆莉莉.中国文化的翻译研究[M].天津：天津科学技术出版社，2017.

[28]罗选民，屠国元.阐释与解构：翻译研究文集[M].合肥：安徽文艺出版社，2003.

[29]穆诗雄.跨文化传播中国古典诗歌英译论[M].合肥：中国科学技术大学出版社，2004.

[30]尚宏.文化传播与翻译[M].开封：河南大学出版社，2008.

[31]佘协斌.法汉翻译研究[M].合肥：安徽文艺出版社，2003.

[32]史志康.《论语》翻译与阐释[M].上海：上海外语教育出版社，2019.

[33]苏晓轶.翻译与中国文化“走出去”发展路径探索[M].北京：九州出版社，2018.

[34]王秉钦.文化翻译学文化翻译理论与实践（第2版）[M].天津：南开大学出版社，2007.

[35]王武兴.英汉互译指导与篇章翻译[M].北京：朝华出版社，2004.

[36]魏倩倩.文化翻译视域下的中国典籍英译研究[M].北京：九州出版社，2018.

[37]谢天振，王宁.从文本、语境到文化建构[M].上海：复旦大学出版社，2014.

[38]熊辉作.中国当代诗歌翻译的文化选择[M].北京：中国社会科学出版社，2021.

[39]徐晓飞，房国铮.翻译与文化[M].上海：上海交通大学出版社，2018.

[40]许钧.法汉翻译教程[M].上海：上海外语教育出版社，2007.

[41]叶红卫，刘金龙.中国古诗词英译研究新探[M].上海：上海交通大学出版社，2019.

[42]叶会.全球视域下中国文化的翻译与传播[M].北京：九州出版社，2020.

[43]张杰.基于翻译理论的中国文化对外翻译[M].长春：东北师范大学出版社，2020.

[44]张丽莉，孟亮.中国文化“走出去”与翻译研究[M].长春：吉林大学出版社，2018.

[45]仲伟合，何刚强.中国文学文化读本[M].北京：外语教学与研究出版社，2016.

[46]朱岚.中国传统文化[M].北京：国家行政学院出版社，2013.

[47]成昭伟，董秀丽.中国传统哲学典籍英译的文化考量[J].辽宁工业大学学报（社会科学版），2015（03）：38–40.

[48]丁巧玲.从《论语》译介看中国传统文化的对外传播——模因论的视角[J].海外英语，2014（01）：120–121.

[49]董秀丽，赵晓霞，成昭伟.中国传统哲学典籍英译与国家文化软实力建设[J].才智，2016（34）：222.

[50]何亚琴.中国传统文化典籍英译策略研究——以《弟子规》和《太上感应篇》为例[J].海外英语，2016（09）：3-4+11.

[51]李建军.典籍英译：传统文化的可译性及翻译策略[J].安徽工业大学学报（社会科学版），2014（02）：73-74+88.

[52]李霖.文化自信视域下的中原文化关键词研究[J].大众标准化，2020（14）：142-143.

[53]李汶璟.中国传统文化教育的国际化传播——评《三字经英译集解》[J].中国教育学刊，2016（03）：127.

[54]廖粲.中国传统文化视角下楼盘案名英译浅析[J].文存阅刊，2017（24）：144.

[55]刘辰.古诗词英译的翻译变通策略[J].中国多媒体与网络教学学报（上旬刊），2020（08）：221-223.

[56]刘宏伟，王湘玲."人己通"外译模式与中国传统文化对外传播研究[J].湖南大学学报（社会科学版），2020（04）：99-106.

[57]刘满堂，郭卫平."一带一路"背景下中国传统文化英译输出策略——以陕西省为例[J].陕西学前师范学院学报，2019（12）：127-132.

[58]楼捷，吴荣兰.从文化翻译观视角论中国传统菜名英译的文化功能等值[J].浙江树人大学学报（人文社会科学版），2014（03）：66-71.

[59]卢利，汤璐."一带一路"背景下境外生对中国传统文化认知现状及英译能力研究[J].四川职业技术学院学报，2019（02）：85-91.

[60]鲁国芳，蒲向明.跨文化视域下中国传统文化对外传播——应用"功能对等理论"英译陇蜀民歌的探讨[J].安康学院学报，2020（06）：18-21.

[61]马缓缓.《棋王》蕴含的中国传统文化英译研究——以杜博妮2010年修订本为例[J].外国语文研究，2019（05）：69-77.

[62]马平.中医语言的模糊现象及英译策略[J].新课程学习（中），2013（08）：8-9.

[63]马秀平.用好"归化"和"异化"翻译策略，促进中国传统文化

“走出去”——从《功夫熊猫》对中国元素的英译得到的启示[J].海外英语，2017（18）：152–153.

[64]彭诣淙.文化翻译观视角下的中国传统谚语的英译[D].华北水利水电大学，2018.

[65]钱梦雨，刘浩.基于中国传统文化传承的《楚辞》英译研究——以《国殇》与《橘颂》为例[J].盐城师范学院学报（人文社会科学版），2018（01）：69–72.

[66]孙静.高/低语境文化下的中国传统文化词汇英译[J].长江丛刊，2017（27）：71.

[67]陶玮.传播视域下中国传统文化翻译研究——以陶渊明诗歌英译为例[J].中国多媒体与网络教学学报（上旬刊），2019（03）：73–74.

[68]王改莉.基于COCA语料库的中国传统文化在英语国家的接受度研究——以“春节”为例[J].文化创新比较研究，2021（27）：153–156.

[69]王君.生态翻译学视阈下中国古代文化典籍英译中的读者关照[J].今古文创，2020（35）：87–88.

[70]王敏霞.中国传统文化专用词汇的英语翻译特色研究[J].艺术科技，2015（12）：49.

[71]王志博.海德格尔哲学对中国传统文化典籍英译的启示性研究[J].北方文学，2018（06）：230–231.

[72]王志博.中国传统文化典籍的英译方法和文化传播策略——以《大观茶论》为例[J].福建茶叶，2018（03）：350–351.

[73]项东，王蒙.中国传统文化文本英译的音译规范刍议[J].中国翻译，2013（04）：104–109.

[74]谢柯.模因论视阈下中国传统文化典籍的英译及传播——以《孙子兵法》为例[J].重庆交通大学学报（社会科学版），2013（04）：137–140.

[75]谢柯.模因论视阈下中国传统文化典籍中文化要素的英译策略研究——以《孙子兵法》中的基因型译文取向和表现型译文取向为例[J].云南农业大学学报（社会科学版），2013（03）：99–103.

[76]辛闻，李文斌.中国“五行”的文化内涵及英译之探析[J].重庆电子工程职业学院学报，2016（06）：81–83.

[77]许玫."厚翻译"视角下的《中国传统文化》英译实践报告[D].中南民族大学，2016.

[78]闫爱花.典籍英译中汉语文化负载词的异化翻译研究——以《红楼梦》英译本为例[J].郑州航空工业管理学院学报（社会科学版），2013（02）：126-128.

[79]严晓江.典籍英译与中国传统文化价值传承[J].语文学刊，2019（04）：71-74.

[80]尹园园.从中国特色词汇英译看中国传统文化传播[J].散文百家（新语文活页），2019（06）：219-220.

[81]Robertson R. *Globalization*[M]. London：Sage，1992：8.

[82]Benveniste Émile. *Problems in General Linguistics*[M]. Coral Gables：University of Miami Press，1966：21.

[83]Bolinger D，Donald A Sears. *Aspects of Language*[M]. New York：Harcourt Bruce Jovanovich Inc.，1981：1-2.

[84]Samovar L，Porter R. *Communication between Cultures*[M]. Belmont，CA：Wadsworth Publishing Company，1995：47.